Ademir Barbosa Júnior
(Dermes)

SARAVÁ

Nanã

© 2014, Editora Anúbis

Revisão:
Tânia Hernandes

Projeto gráfico e capa:
Edinei Gonçalves

Dados Internacionais de Catalogação na Publicação (CIP)
(Câmara Brasileira do Livro, SP, Brasil)

Barbosa Júnior, Ademir
   Saravá Nanã / Ademir Barbosa Júnior (Dermes). -- São Paulo: Anúbis, 2014.

   Bibliografia.
   ISBN 978-85-67855-21-9

   1. Nanã (Culto) 2. Orixás 3. Umbanda (Culto) I. Título.

14-04755   CDD-299.6

Índices para catálogo sistemático:
1. Orixás : Culto : Religiões de origem
   africana   299.6

São Paulo/SP – República Federativa do Brasil
Printed in Brazil – Impresso no Brasil

Este livro segue as novas regras do Acordo Ortográfico da Língua Portuguesa

Os direitos de reprodução desta obra pertencem à Editora Anúbis. Portanto, não é permitida a reprodução total ou parcial desta obra, de qualquer forma ou por qualquer meio eletrônico, mecânico, inclusive por meio de processos xerográficos, incluindo ainda o uso da internet, sem a permissão expressa por escrito da Editora (Lei nº 9.610, de 19.2.98).

Distribuição exclusiva
Aquaroli Books
Rua Curupá, 801 – Vila Formosa – São Paulo/SP
CEP 03355-010 – Tel.: (11) 2673-3599
atendimento@aquarolibooks.com.br

Para Dri Ribeiro, Jéssica Correa e Geralda Zampaulo,
que interpretou Nanã no curta-metragem "Mãe dos Peixes,
Rainha do Mar" (Bom Olhado Produções, 2013).

Saluba, Nanã!

Axé!

Saluba, Nanã!

Senhora da calma,
Da lama,
Do lento,
Do lago,
Do silêncio.
Mãe da paciência,
Da espera,
Dos sinais,
Da obstinação.
Mãe do sólido humano
Feito do solo e do sopro
Para abrigar o que dura a eternidade.
Mãe da solidão criativa,
Da espera,
Da observação,
Dos passos pisados inteiros
A sustentar o corpo curvado.
Ao tempo, ao momento e ao sempre.
Saluba!

Ademir Barbosa Júnior
(Dermes)

Sumário

Prece de Cáritas 11
Hino de Umbanda 13
Pai Nosso Umbandista 15
Credo Umbandista 17
Salmo 23 na Umbanda 19
Introdução 21
Orixá 25
Candomblé 31
Umbanda 39
Diversidade 51
Nanã 57
Cores 71
Símbolos 73
Sincretismo 77
Comidas e bebidas 81
Corpo humano e chacras 83
Elemento e ponto de força 89
Incompatibilidades 91
Ervas e flores 93
Planetas 97
Algumas qualidades 99
Registros 101

Orações 113

O corte 117

Anexo 123

Legislação 127

Bibliografia. 131

O autor 141

Prece de Cáritas

DEUS, nosso Pai, que sois todo poder e bondade, dai força àquele que passa pela provação; dai a luz àquele que procura a verdade, pondo no coração do homem a compaixão e a caridade.

Deus, dai ao viajor a estrela guia; ao aflito, a consolação; ao doente, o repouso. Pai, dai ao culpado o arrependimento; ao espírito, a verdade; à criança, o guia; ao órfão, o pai.

Senhor, que a vossa bondade se estenda sobre tudo o que criaste.

Piedade, Senhor, para aqueles que não vos conhecem; esperança para aqueles que sofrem.

Que a vossa bondade permita aos espíritos consoladores derramarem por toda parte a paz, a esperança e a fé.

Deus, um raio, uma faísca do Vosso Amor pode abrasar a Terra.

Deixa-nos beber nas fontes dessa bondade fecunda e infinita e todas as lágrimas secarão, todas as dores acalmar-se-ão.

Um só coração, um só pensamento subirá até Vós como um grito de reconhecimento e amor.

Como Moisés sobre a montanha, nós Vos esperamos com os braços abertos.

Oh! Poder... Oh! Bondade... Oh! Beleza... Oh! Perfeição... E queremos de alguma sorte alcançar a Vossa Misericórdia.

Deus, dai-nos a força de ajudar o progresso a fim de subirmos até Vós.

Dai-nos a caridade pura; dai-nos a fé e a razão; dai-nos a simplicidade que fará de nossas almas o espelho onde deve refletir a Vossa Santa e Misericordiosa Imagem.

Hino de Umbanda

Refletiu a luz divina
em todo seu esplendor;
é do Reino de Oxalá
onde há Paz e Amor.

Luz que refletiu na terra,
luz que refletiu no mar,
luz que veio de Aruanda
para tudo iluminar.

A Umbanda é Paz e Amor,
é um mundo cheio de luz...
é a força que nos dá vida
e à grandeza nos conduz.

Avante, filhos de fé
como a nossa Lei não há...
levando ao mundo inteiro
a bandeira de Oxalá.

Pai Nosso Umbandista

Pai nosso que estás nos céus, nas matas, nos mares e em todos os mundos habitados.

Santificado seja o teu nome, pelos teus filhos, pela natureza, pelas águas, pela luz e pelo ar que respiramos.

Que o teu reino, reino do bem, do amor e da fraternidade, nos una a todos e a tudo que criaste, em torno da sagrada cruz, aos pés do Divino Salvador e Redentor.

Que a tua vontade nos conduza sempre para o culto do Amor e da Caridade.

Dá-nos hoje e sempre a vontade firme para sermos virtuosos e úteis aos nossos semelhantes.

Dá-nos hoje o pão do corpo, o fruto das matas e a água das fontes para o nosso sustento material e espiritual.

Perdoa, se merecermos, as nossas faltas e dá-nos o sublime sentimento do perdão para os que nos ofendem.

Não nos deixes sucumbir, ante a luta, dissabores, ingratidões, tentações dos maus espíritos e ilusões pecaminosas da matéria.

Envia, Pai, um raio de tua Divina complacência, Luz e Misericórdia para os teus filhos pecadores que aqui habitam, pelo bem da humanidade.

Que assim seja, em nome de Olorum, Oxalá e de todos os mensageiros da Luz Divina.

Credo Umbandista

Creio em Deus, onipotente e supremo.

Creio nos Orixás e nos Espíritos Divinos que nos trouxeram para a vida por vontade de Deus. Creio nas falanges espirituais, orientando os homens na vida terrena.

Creio na reencarnação das almas e na justiça divina, segundo a lei do retorno.

Creio na comunicação dos Guias Espirituais, encaminhando-nos para a caridade e para a prática do bem.

Creio na invocação, na prece e na oferenda, como atos de fé e creio na Umbanda, como religião redentora, capaz de nos levar pelo caminho da evolução até o nosso Pai Oxalá.

Salmo 23 na Umbanda

Oxalá é meu Pastor, nada me faltará.

Deitar-me faz nos verdes campos de Oxóssi.

Guia-me, Pai Ogum, mansamente nas águas tranquilas de Mãe Nanã Buruquê.

Refrigera minha alma meu Pai Obaluaê.

Guia-me, Mãe Iansã, pelas veredas da Justiça de Xangô.

Ainda que andasse pelo Vale das Sombras e da Morte de meu Pai Omulu, eu não temeria mal algum, porque Zambi está sempre comigo.

A tua vara e o teu cajado são meus guias na direita e na esquerda.

Consola-me, Mamãe Oxum.

Prepara uma mesa cheia de Vida perante mim, minha Mãe Iemanjá.

Exu e Pombagira, vos oferendo na presença de meus inimigos.

Unge a minha coroa com o óleo consagrado a Olorum, e o meu cálice, que é meu coração, transborda.

E certamente a bondade e a misericórdia de Oxalá estarão comigo por todos os dias.

E eu habitarei na casa dos Orixás, que é Aruanda, por longos dias!

Que assim seja!

SARAVÁ!

Introdução

Falar sobre Orixá nunca é fácil, pois o Orixá é sentido e vivido em inúmeras nuanças no cotidiano. Por esse motivo, tenho publicado livros e artigos e produzido DVDs sobre a temática dos Orixás não apenas com os instrumentos do pesquisador, mas, sobretudo, com o apoio da Espiritualidade, por meio de tantos Amigos visíveis e invisíveis. O objetivo nunca é dar a palavra final – pelo contrário, é direcionar o diálogo para sua amplitude e profundidade.

Escrever sobre Nanã representa evocar a sabedoria, o silêncio, a paciência.

Agradeço a Deus, aos Sagrados Orixás, aos Guias e Guardiões; ao Caboclo Pena Branca, que me mostra o caminho; à Babá Paula, à Mãe Pequena e minha "Madlinha" Vânia, que me ajudam a trilhá-lo; à Babá e também minha Madrinha Marissol Nascimento, presidente da Federação de Umbanda e Candomblé Mãe Senhora Aparecida, pela confiança e pelo amor; a todos os irmãos da Tenda de Umbanda Caboclo Pena Branca e Mãe Nossa Senhora Aparecida, casa da qual sou filho; a Iya Senzaruban, dirigente do Ilê Iya Tunde, casa por onde passei, há alguns anos; a Sávio Gonçalves, irmão de Mucuiú, irmão de Saravá; à Mara Tozatto e Karina Andrade, amigas da Rádio Mundo Aruanda; a meus pais Ademir e Laís;

a minha irmã Arianna; à querida Tia Nair Barbosa, dirigente espiritual do antigo Terreiro Caboclo Sete Flechas (Rua Almirante Barroso), de Piracicaba, aonde eu ia pequenininho (A primeira vez que vi o mar foi numa festa de Iemanjá, com o povo dessa casa.) e à querida amiga Norma Cardins, uma das responsáveis pela criação do Memorial de Mãe Menininha, no Gantois, e uma de minhas cicerones pelas ruas de Salvador (BA) em muitas de minhas passagens e estadas naquela que é uma de minhas cidades no mundo.

Gratidão especial a todo elenco, à equipe técnica e aos responsáveis pela trilha do curta-metragem "Mãe dos Peixes, Rainha do Mar" (Bom Olhado Produções, 2013).

Axé!

Ademir Barbosa Júnior
(Dermes)

nanã
lótus de luz
na lama

Ademir Barbosa Júnior
(Dermes)

De uma série de orikais

Orixá

A fim de não estender muito o possível debate dialógico, este capítulo procurará apresentar uma visão geral dos Orixás sem alongar-se nas diferenças de conceitos entre Candomblé e Umbanda.

Etimologicamente e em tradução livre, Orixá significa "a divindade que habita a cabeça" (Em iorubá, "ori" é cabeça, enquanto "xá", rei, divindade.), e é associado comumente ao diversificado panteão africano, trazido à América pelos negros escravos. A Umbanda Esotérica, por sua vez, reconhece no vocábulo Orixá a corruptela de "Purushá", significando "Luz do Senhor" ou "Mensageiro do Senhor".

Cada Orixá relaciona-se a pontos específicos da natureza, os quais são também pontos de força de sua atuação. O mesmo vale para os chamados quatro elementos: fogo, terra, ar e água.

Portanto, os Orixás são agentes divinos, verdadeiros ministros da Divindade Suprema (Deus, Princípio Primeiro, Causa Primeira etc.), presentes nas mais diversas culturas e tradições espirituais/religiosas, com nomes e cultos diversos, como os Devas indianos.

Visto que o ser humano e seu corpo estão em estreita relação com o ambiente (O corpo humano em funcionamento contém em si água, ar, componentes associados a terra, além de calor, relacionado ao fogo.), seu Orixá pessoal tratará de cuidar para que essa relação seja a mais equilibrada possível.

Tal Orixá, Pai ou Mãe de Cabeça, é conhecido comumente como Eledá e será responsável pelas características físicas, emocionais, espirituais etc. de seu filho, de modo a espelhar nele os arquétipos de suas características, encontrados nos mais diversos mitos e lendas dos Orixás. Auxiliarão o Eledá nessa tarefa outros Orixás, conhecidos como Juntós, ou Adjuntós, conforme a ordem de influência, e ainda outros.

Na chamada "coroa de um médium de Umbanda" ainda aparecem os Guias e as Entidades, em trama e enredo bastante diversificados. Embora, por exemplo, geralmente se apresente para cada médium um Preto-Velho, há outros que o auxiliam, e esse mesmo Preto-Velho poderá, por razões diversas, dentre elas missão cumprida, deixar seu médium e partir para outras missões, inclusive em outros planos.

De modo geral, a Umbanda não considera os Orixás que descem ao terreiro como energias e/ou forças supremas desprovidas de inteligência e individualidade.

Para os africanos, e tal conceito reverbera fortemente no Candomblé, Orixás são ancestrais divinizados, que incorporam conforme a ancestralidade, as afinidades e a coroa de cada médium.

No Brasil, teriam sido confundidos com os chamados Imolês, isto é, Divindades Criadoras, acima das quais aparece um único Deus: Olorum ou Zâmbi.

Na linguagem e concepção umbandistas, portanto, quem incorpora numa gira de Umbanda não são os Orixás propriamente ditos, mas seus falangeiros, em nome dos próprios

Orixás. Tal concepção está de acordo com o conceito de ancestral (espírito) divinizado (e/ou evoluído) vivenciado pelos africanos que para cá foram trazidos como escravos.

Mesmo que essa visão não seja consensual (Há quem defenda que tais Orixás já encarnaram, enquanto outros segmentos umbandistas – a maioria, diga-se de passagem – rejeitam esse conceito.), ao menos se admite no meio umbandista que o Orixá que incorpora possui um grau adequado de adaptação à energia dos encarnados, o que seria incompatível para os Orixás hierarquicamente superiores.

Na pesquisa feita por Miriam de Oxalá a respeito da ancestralidade e da divinização de ancestrais, aparece, dentre outras fontes, a célebre pesquisadora Olga Guidolle Cacciatore, para quem,

> [...] os Orixás são intermediários entre Olórun, ou melhor, entre seu representante (e filho) Oxalá e os homens. Muitos deles são antigos reis, rainhas ou heróis divinizados, os quais representam as vibrações das forças elementares da Natureza – raios, trovões, ventos, tempestades, água, fenômenos naturais como o arco-íris, atividades econômicas primordiais do homem primitivo – caça, agricultura – ou minerais, como o ferro que tanto serviu a essas atividades de sobrevivência, assim como às de extermínio na guerra. [...]

Entretanto, e como o tema está sempre aberto ao diálogo, à pesquisa, ao registro de impressões, conforme observa o médium umbandista e escritor Norberto Peixoto, é possível incorporar a forma-pensamento de um Orixá, a qual é plasmada e mantida pelas mentes dos encarnados. Em suas palavras,

[...] era dia de sessão de preto(a) velho(a). Estávamos na abertura dos trabalhos, na hora da defumação. O congá 'repentinamente' ficou vibrado com o orixá Nanã, que é considerado a mãe maior dos orixás e o seu axé (força) é um dos sustentadores da egrégora da Casa desde a sua fundação, formando par com Oxóssi. Faltavam poucos dias para o amaci (ritual de lavagem da cabeça com ervas maceradas), que tem por finalidade fortalecer a ligação dos médiuns com os orixás regentes e guias espirituais. Pedi um ponto cantado de Nanã Buruquê, antes dos cânticos habituais. Fiquei envolvido com uma energia lenta, mas firme. Fui transportado mentalmente para a beira de um lago lindíssimo e o orixá Nanã me 'ocupou', como se entrasse em meu corpo astral ou se interpenetrasse com ele, havendo uma incorporação total. (...) Vou explicar com sinceridade e sem nenhuma comparação, como tanto vemos por aí, como se a manifestação de um ou outro (dos espíritos na umbanda versus dos orixás em outros cultos) fosse mais ou menos superior, conforme o pertencimento de quem os compara a uma ou outra religião. A 'entidade' parecia um 'robô', um autômato sem pensamento contínuo, levado pelo som e pelos gestos. Sem dúvida, houve uma intensa movimentação de energia benfeitora, mas durante a manifestação do orixá minha cabeça ficou mentalmente vazia, como se nenhuma outra mente ocupasse o corpo energético do orixá que dançava, o que acabei sabendo depois tratar-se de uma forma-pensamento plasmada e mantida 'viva' pelas mentes dos encarnados.

No cotidiano dos terreiros, por vezes o vocábulo Orixá é utilizado também para Guias. Nessas casas, por exemplo, é comum ouvir alguém dizer antes de uma gira de Pretos-Velhos: "Precisamos preparar mais banquinhos, pois hoje temos muitos médiuns e, portanto, aumentará o número de Orixás em Terra.".

Na compreensão das relações entre os Orixás, as leituras são múltiplas: há, por exemplo, quem considere Inlé e Ibualama Orixás independentes, enquanto outros os associam como qualidades de Oxóssi. Algo semelhante ocorre, dentre outros, com Airá, ora visto como qualidade de Xangô, ora como Orixá a ele associado, e com Aroni, a serviço de Ossaim, ou seu mentor, ou o próprio Ossaim.

Com características muito semelhantes, na tradição Angola cada Orixá é chamado de Inquice. No Candomblé Jeje, Vodum.

Em África eram conhecidos e cultuados centenas de Orixás.

Candomblé

Candomblé é um nome genérico que agrupa o culto aos Orixás jeje-nagô, bem como outras formas que dele derivam ou com eles se interpenetram, as quais se espraiam em diversas nações.

Trata-se de uma religião constituída, com teologia e rituais próprios, que cultua um poder supremo, cujos poder e alcance se fazem espiritualmente mais visíveis por meio dos Orixás.

Sua base é formada por diversas tradições religiosas africanas, destacando-se as da região do Golfo da Guiné, desenvolvendo-se no Brasil a partir da Bahia.

O Candomblé não faz proselitismo e valoriza a ancestralidade, tanto por razões históricas (antepassados africanos) quanto espirituais – filiação aos Orixás, cujas características se fazem conhecer por seus mitos e por antepassados históricos ou semi-históricos divinizados.

Embora ainda discriminado pelo senso comum e atacado por diversas denominações religiosas que o associam à chamada baixa magia, o Candomblé tem cada vez mais reconhecida sua influência em diversos setores da vida social brasileira, dentre outros, a música (percussão, toques, base musical etc.), a culinária (Pratos da cozinha-de-santo que migraram para restaurantes e para as mesas das famílias brasileiras.) e a medicina popular (Fitoterapia e outros).

O Candomblé não existia em África tal qual o conhecemos, uma vez que naquele continente o culto aos Orixás era segmentado por regiões (Cada região e, portanto, famílias/clãs cultuavam determinado Orixá ou apenas alguns.).

No Brasil, os Orixás tiveram seus cultos reunidos em terreiros, com variações, evidentemente, assim como com interpenetrações teológicas e litúrgicas das diversas nações.

Embora haja farta bibliografia a respeito do Candomblé, e muitas de suas festas sejam públicas e abertas a não iniciados, trata-se de uma religião iniciática, com ensino-aprendizagem pautado pela oralidade, com conteúdo exotérico (de domínio público) e esotérico (Segredos os mais diversos transmitidos apenas aos iniciados.).

Conforme sintetiza Vivaldo da Costa Lima,

> [...] a filiação nos grupos de candomblé é, a rigor, voluntária, mas nem por isso deixa de obedecer aos padrões mais ou menos institucionalizados das formas de apelo que determinam a decisão das pessoas de ingressarem, formalmente num terreiro de candomblé, através dos ritos de iniciação. Essas formas de chamamento religioso se enquadram no universo mental das classes e estratos de classes de que provêm a maioria dos adeptos do candomblé, e são, geralmente, interpretações de sinais que emergem dos sistemas simbólicos culturalmente postulados. Sendo um sistema religioso – portanto uma forma de relação expressiva e unilateral com o mundo sobrenatural – o candomblé, como qualquer outra religião iniciática, provê a circunstância em

que o crente poderá, satisfazendo suas emoções e suas outras necessidades existenciais, situar-se plenamente num grupo socialmente reconhecido e aceito, que lhe garantirá status e segurança – que esta parece ser uma das funções principais dos grupos de candomblé – dar a seus participantes um sentido para a vida e um sentimento de segurança e proteção contra 'os sofrimentos de um mundo incerto'.

Formação

O Culto aos Orixás, pelos africanos no Brasil, tem uma longa história de resistência e sincretismo, que, impedidos de cultuar os Orixás, valiam-se de imagens e referências católicas para manter viva a sua fé.

Por sua vez, a combinação de cultos que deu origem ao Candomblé, deveu-se ao fato de serem agregados numa mesma propriedade (E, portanto, na mesma senzala.) escravos provenientes de diversas nações, com línguas e costumes diferentes – certamente uma estratégia dos senhores brancos para evitar revoltas, além de uma tentativa de fomentar rivalidades entre os próprios africanos. Vale lembrar que em África o culto aos Orixás era segmentado por regiões: cada região cultuava determinado Orixá ou apenas alguns.

Em 1830, algumas mulheres originárias de Ketu, na Nigéria, filiadas à irmandade de Nossa Senhora da Boa Morte, reuniram-se para estabelecer uma forma de culto que preservasse as tradições africanas em solo brasileiro. Reza a tradição e documentos históricos que tal reunião aconteceu na antiga Ladeira do Bercô (Hoje, Rua Visconde de Itaparica.), nas proximidades da Igreja da Barroquinha, em Salvador (BA). Nesse grupo, e com o auxílio do africano Baba-Asiká, destacou-se Íyànàssó Kalá ou Oká (Iya Nassô). Seu òrúnkó no Orixá (nome iniciático) era Íyàmagbó-Olódùmarè.

Para conseguir seu intento, essas mulheres buscaram fundir aspectos diversos de mitologias e liturgias, por exemplo. Uma vez distantes da África, a Ìyá ìlú àiyé èmí (Mãe Pátria Terra da Vida), teriam de adaptar-se ao contexto local, não cultuando necessariamente apenas Orixás locais (Caraterísticos de tribos, cidades e famílias específicas.) em espaços amplos, como a floresta, cenário de muitas iniciações, porém num espaço previamente estabelecido: a casa de culto. Nessa reprodução em miniatura da África, os Orixás seriam cultuados em conjunto. Nascia o Candomblé.

Ao mesmo tempo em que designava as reuniões feitas por escravos com o intuito de louvar os Orixás, a palavra Candomblé também era empregada para toda e qualquer reunião ou festa organizada pelos negros no Brasil. Por essa razão, antigos Babás e Iyas evitavam chamar o culto aos Orixás de Candomblé.

Em linhas gerais, Candomblé seria uma corruptela de "candonbé" (Atabaque tocado pelos negros de Angola.) ou viria de "candonbidé" (Louvar ou pedir por alguém ou por algo.).

Cada grupo com características próprias teológicas, linguísticas e de culto, embora muitas vezes se interpenetrem, ficou conhecido como nação:

- Nação Ketu;
- Nação Angola;
- Nação Jeje;

- Nação Nagô;
- Nação Congo;
- Nação Muxicongo;
- Nação Efon.

Constituída por grupos que falavam iorubá, dentre eles os de Oyó, Abeokutá, Ijexá, Ebá e Benim, a Nação Ketu também é conhecida como Alaketu.

Os iorubás, guerreando com os jejes, em África, perderam e foram escravizados, vindo mais adiante para o Brasil. Maltratados, foram chamados pelos fons de ànagô (Dentre várias acepções, piolhentos, sujos.). O termo, com o tempo, modificou-se para nàgó e foi incorporado pelos próprios iorubás como marca de origem e de forma de culto. Em sentido estrito, não há uma nação política chamada nagô.

Em linhas gerais, os Candomblés dos estados da Bahia e do Rio de Janeiro ficaram conhecidos como de Nação Ketu, com raízes iorubanas. Entretanto, existem variações em cada nação. No caso do Ketu, por exemplo, destacam-se a Nação Efan e a Nação Ijexá. Efan é uma cidade da região de Ijexá, nas proximidades de Oxogbô e do rio Oxum, na Nigéria. A Nação Ijexá é conhecida pela posição de destaque que nela possui o Orixá Oxum, sua rainha.

No caso do Candomblé Jeje, por exemplo, uma variação é o Jeje Mahin, sendo Mahin uma tribo que havia nas proximidades da cidade de Ketu. Quanto às Nações Angola e Congo, seus Candomblés se desenvolveram a partir dos cultos de escravos provenientes dessas regiões africanas.

De fato, a variação e o cruzamento de elementos de Nações não são estanques, como demonstram o Candomblé

Nagô-Vodum, o qual sintetiza costumes iorubás e jeje, e o Alaketu, de nação iorubá, também da região de Ketu, tendo como ancestrais da casa Otampé, Ojaró e Odé Akobí.

Primeiros terreiros

A primeira organização de culto aos Orixás foi a da Barroquinha (Salvador/BA), em 1830, semente do Ilê Axé Iya Nassô Oká, uma vez que foi capitaneada pela própria Iya Nassô, filha de uma escrava liberta que retornou à África.

Posteriormente, foi transferida para o Engenho Velho, onde ficou conhecida como Casa Branca ou Engenho Velho. Ainda no século XIX, dela originou-se o Candomblé do Gantois e, mais adiante, o Ilê Axé Opô Afonjá.

Entre 1797 e 1818, Nan Agotimé, rainha-mãe de Abomé, teria trazido o culto dos Voduns jejes para a Bahia, levando-os a seguir para São Luís (MA). Traços da presença daomeana teriam permanecido no Bogum, antigo terreiro jeje de Salvador, o qual ostenta, ainda, o vocábulo "malê", bastante curioso, uma vez que o termo refere-se ao negro do Islã. Antes mesmo do Bogum, há registros de um terreiro jeje, em 1829, no bairro hoje conhecido como Acupe de Brotas.

Tumbensi é a casa de Angola considerada a mais antiga da Bahia, fundada por Roberto Barros Reis (dijina: Tata Kimbanda Kinunga) por volta de 1850, escravo angolano de propriedade da família Barros Reis, que lhe emprestou o nome pelo qual era conhecido.

Após seu falecimento, a casa (inzo) passou à liderança de Maria Genoveva do Bonfim, mais conhecida como Maria

Neném (dijina: Mam´etu Tuenda UnZambi) gaúcha, filha de Kavungo, considerada a mais importante sacerdotisa do Candomblé Angola. Ela assumiu a chefia da casa por volta dos anos 1909, vindo a falecer em 1945.

Já o Tumba Junçara foi fundado, em 1919 em Acupe, na Rua Campo Grande, Santo Amaro da Purificação (BA) por dois irmãos de esteira: Manoel Rodrigues do Nascimento (dijina: Kambambe) e Manoel Ciríaco de Jesus (dijina: Ludyamungongo), ambos iniciados em 13 de junho de 1910 por Mam'etu Tuenda UnZambi, Mam'etu Riá N'Kisi do Tumbensi.

Kambambe e Ludyamungongo tiveram Sinhá Badá como Mãe Pequena e Tio Joaquim como Pai Pequeno. O Tumba Junçara foi transferido para Pitanga, também em Santo Amaro da Purificação, e posteriormente para o Beiru.

A seguir foi novamente transferido para a Ladeira do Pepino, 70, e finalmente para Ladeira da Vila América, 2, Travessa 30, Avenida Vasco da Gama (Que hoje se chama Vila Colombina.), 30, em Vasco da Gama, Salvador (BA). E assim a raiz foi-se espalhando.

O histórico das primeiras casas de Candomblé e outras formas de culto marginalizadas pelo poder constituído (Estado, classes economicamente dominantes, Igreja etc.), como a Umbanda no século XX, assemelha-se pela resistência à repressão institucionalizada e ao preconceito.

Umbanda

Em linhas gerais, etimologicamente, Umbanda é vocábulo que decorre do Umbundo e do Quimbundo, línguas africanas, com o significado de "arte de curandeiro", "ciência médica", "medicina". O termo passou a designar, genericamente, o sistema religioso que, dentre outros aspectos, assimilou elementos religiosos afro-brasileiros ao espiritismo urbano (Kardecismo).[1]

Quanto ao sentido espiritual e esotérico, Umbanda significa "luz divina" ou "conjunto das leis divinas". A magia branca praticada pela Umbanda remontaria, assim, a outras eras do planeta, sendo denominada pela palavra sagrada Aumpiram, transformada em Aumpram e, finalmente, Umbanda.

De qualquer maneira, houve quem tivesse anotado, durante a incorporação do Caboclo das Sete Encruzilhadas anunciando o nome da nova religião, o nome "Allabanda", substituído por "Aumbanda", em sânscrito, "Deus ao nosso lado." ou "O lado de Deus.".

A Umbanda, assim como o Candomblé, é religião, e não seita. "Seita" geralmente refere-se pejorativamente a grupos

---

1. Embora não seja consenso o uso do termo "Kardecismo" como sinônimo de "Espiritismo", ele é aqui empregado por ser mais facilmente compreendido.

de pessoas com práticas espirituais que destoam das ortodoxas. A Umbanda é uma religião constituída, com fundamentos, teologia própria, hierarquia, sacerdotes e sacramentos. Suas sessões são gratuitas, voltadas ao atendimento holístico (corpo, mente, espírito) e à prática da caridade (fraterna, espiritual, material), sem proselitismo. Em sua liturgia e em seus trabalhos espirituais vale-se do uso dos quatro elementos básicos: fogo, terra, ar e água.

É muito interessante fazer o estudo comparativo da utilização dos elementos, tanto por encarnados como pela Espiritualidade, na Umbanda, no Candomblé, no Xamanismo, na Wicca, no Espiritismo (Vide obra de André Luiz.), na Liturgia Católica (Leia-se o trabalho de Geoffrey Hodson, sacerdote católico liberal.) etc.

Este é um breve histórico do nascimento oficial da Umbanda, embora, antes da manifestação do Caboclo das Sete Encruzilhadas e do trabalho de Zélio Fernandino, houvesse atividades religiosas semelhantes ou próximas, no que se convencionou chamar de macumba[2].

No Astral, a Umbanda antecipa-se em muito ao ano de 1908 e diversos segmentos localizam sua origem terrena em civilizações e continentes que já desapareceram.

Zélio Fernandino de Moraes, um rapaz de 17 anos que se preparava para ingressar na Marinha, em 1908 começou a ter aquilo que a família, residente em Neves, no Rio de Janeiro, considerava ataques. Os supostos ataques colocavam o rapaz na postura de um velho, que parecia ter vivido em outra

---
2. O termo aqui não possui obviamente conotação negativa.

época e dizia coisas incompreensíveis para os familiares; noutros momentos, Zélio parecia uma espécie de felino que demonstrava conhecer bem a natureza.

Após minucioso exame, o médico da família aconselhou que fosse ele atendido por um padre, uma vez que considerava o rapaz possuído. Um familiar achou melhor levá-lo a um centro espírita, o que realmente aconteceu: no dia 15 de novembro, Zélio foi convidado a tomar assento à mesa da sessão da Federação Espírita de Niterói, presidida à época por José de Souza.

Tomado por força alheia à sua vontade e infringindo o regulamento que proibia qualquer membro de ausentar-se da mesa, Zélio levantou-se e declarou: "Aqui está faltando uma flor.".

Deixou a sala, foi até o jardim e voltou com uma flor, que colocou no centro da mesa, o que provocou alvoroço. Na sequência dos trabalhos, manifestaram-se nos médiuns espíritos apresentando-se como negros escravos e índios.

O diretor dos trabalhos, então, alertou os espíritos sobre seu atraso espiritual, como se pensava comumente à época, e convidou-os a se retirarem. Novamente uma força tomou Zélio e advertiu: "Por que repelem a presença desses espíritos, se sequer se dignaram a ouvir suas mensagens? Será por causa de suas origens sociais e da cor?".

Durante o debate que se seguiu, procurou-se doutrinar o espírito, que demonstrava argumentação segura e sobriedade. Um médium vidente, então, lhe perguntou: "Por que o irmão fala nestes termos, pretendendo que a direção aceite a manifestação de espíritos que, pelo grau de cultura que tiveram, quando encarnados, são claramente atrasados?

Por que fala deste modo, se estou vendo que me dirijo neste momento a um jesuíta e a sua veste branca reflete uma aura de luz? E qual o seu nome, irmão?".

Ao que o interpelado respondeu: "Se querem um nome, que seja este: sou o Caboclo das Sete Encruzilhadas, porque para mim, não haverá caminhos fechados. O que você vê em mim, são restos de uma existência anterior. Fui padre e o meu nome era Gabriel Malagrida. Acusado de bruxaria, fui sacrificado na fogueira da Inquisição em Lisboa, no ano de 1761. Mas em minha última existência física, Deus concedeu-me o privilégio de nascer como caboclo brasileiro.".

A respeito da missão que trazia da Espiritualidade, anunciou: "Se julgam atrasados os espíritos de pretos e índios, devo dizer que amanhã estarei na casa de meu aparelho, às 20 horas, para dar início a um culto em que estes irmãos poderão dar suas mensagens e, assim, cumprir a missão que o Plano Espiritual lhes confiou. Será uma religião que falará aos humildes, simbolizando a igualdade que deve existir entre todos os irmãos, encarnados e desencarnados.".

Com ironia, o médium vidente perguntou-lhe: "Julga o irmão que alguém irá assistir a seu culto?".

O Caboclo das Sete Encruzilhadas lhe respondeu: "Cada colina de Niterói atuará como porta-voz, anunciando o culto que amanhã iniciarei.". E concluiu: "Deus, em sua infinita Bondade, estabeleceu que na morte, a grande niveladora universal, rico ou pobre, poderoso ou humilde, todos se tornariam iguais, mas vocês, homens preconceituosos, não contentes em estabelecer diferenças entre os vivos, procuram levar essas mesmas diferenças até mesmo além da barreira da morte. Por que não podem nos visitar esses humildes trabalhadores do espaço, se apesar de não haverem sido pessoas socialmente importantes na Terra, também trazem importantes mensagens do além?".

No dia seguinte, 16 de novembro, na casa da família de Zélio, à rua Floriano Peixoto, 30, perto das 20 horas, estavam os parentes mais próximos, amigos, vizinhos, membros da Federação Espírita e, fora da casa, uma multidão.

Às 20 horas manifestou-se o Caboclo das Sete Encruzilhadas e declarou o início do novo culto, no qual os espíritos de velhos escravos, que não encontravam campo de atuação em outros cultos africanistas, bem como de indígenas nativos do Brasil trabalhariam em prol dos irmãos encarnados, independentemente de cor, raça, condição social e credo.

No novo culto, encarnados e desencarnados atuariam motivados por princípios evangélicos e pela prática da caridade.

O Caboclo das Sete Encruzilhadas também estabeleceu as normas do novo culto: as sessões seriam das 20 horas às 22 horas, com atendimento gratuito e os participantes uniformizados de branco. Quanto ao nome, seria Umbanda: Manifestação do Espírito para a Caridade.

A casa que se fundava teria o nome de Nossa Senhora da Piedade, inspirada em Maria, que recebeu os filhos nos braços. Assim, a casa receberia todo aquele que necessitasse de ajuda e conforto. Após ditar as normas, o Caboclo respondeu a perguntas em latim e alemão formuladas por sacerdotes ali presentes. Iniciaram-se, então, os atendimentos, com diversas curas, inclusive a de um paralítico.

No mesmo dia, manifestou-se em Zélio um Preto-Velho chamado Pai Antônio, o mesmo que havia sido considerado efeito da suposta loucura do médium.

Com humildade e aparente timidez, recusava-se a sentar-se à mesa, com os presentes, argumentando: "Nêgo num senta não, meu sinhô, nêgo fica aqui mesmo. Isso é coisa de sinhô branco e nêgo deve arrespeitá.". Após insistência dos presentes, respondeu: "Num carece preocupá, não. Nêgo fica no toco, que é lugá de nêgo.".[3]

Continuou com palavras de humildade, quando alguém lhe perguntou se sentia falta de algo que havia deixado na Terra, ao que ele respondeu: "Minha cachimba. Nêgo qué o pito que deixou no toco. Manda mureque buscá.".

Solicitava, assim, pela primeira vez, um dos instrumentos de trabalho da nova religião. Também foi o primeiro a solicitar uma guia, até hoje usada pelos membros da Tenda, conhecida carinhosamente como Guia de Pai Antônio.

No dia seguinte, houve verdadeira romaria à casa da família de Zélio. Enfermos encontravam a cura, todos se sentiam confortados, médiuns até então considerados loucos encontravam terreno para desenvolver os dons mediúnicos.

O Caboclo das Sete Encruzilhadas dedicou-se, então, a esclarecer e divulgar a Umbanda, auxiliado diretamente por Pai Antônio e pelo Caboclo Orixá Malê, experiente na anulação de trabalhos de baixa magia.

No ano de 1918, o Caboclo das Sete Encruzilhadas recebeu ordens da Espiritualidade para fundar sete tendas, assim denominadas: Tenda Espírita Nossa Senhora da Guia, Tenda Espírita Nossa Senhora da Conceição, Tenda Espírita Santa Bárbara, Tenda Espírita São Pedro, Tenda Espírita Oxalá, Ten-

---

3. Certamente trata-se de um convite à humildade, e não de submissão e dominação racial.

da Espírita São Jorge e Tenda Espírita São Jerônimo. Durante a encarnação de Zélio, a partir dessas primeiras tendas, foram fundadas outras 10 mil.

Mesmo não seguindo a carreira militar, pois o exercício da mediunidade não lhe permitira, Zélio nunca fez da missão espiritual uma profissão. Pelo contrário, chegava a contribuir financeiramente, com parte do salário, para as tendas fundadas pelo Caboclo das Sete Encruzilhadas, além de auxiliar os que se albergavam em sua casa. Também por conselho do Caboclo, não aceitava cheques e presentes.

Por determinação do Caboclo, a ritualística era simples: cânticos baixos e harmoniosos, sem palmas ou atabaques, sem adereços para a vestimenta branca e, sobretudo, sem corte (sacrifício de animais). A preparação do médium pautava-se pelo conhecimento da doutrina, com base no Evangelho, banhos de ervas, amacis e concentração nos pontos da natureza.

Com o tempo e a diversidade ritualística, outros elementos foram incorporados ao culto, no que tange ao toque, canto e palmas, às vestimentas e mesmo a casos de sacerdotes umbandistas que passaram a dedicar-se integralmente ao culto, cobrando, por exemplo, pelo jogo de búzios onde o mesmo é praticado, porém sem nunca deixar de atender àqueles que não podem pagar pelas consultas.

Mas as sessões permanecem públicas e gratuitas, pautadas pela caridade, pela doação dos médiuns. Algumas casas, por influência dos Cultos de Nação, praticam o corte, contudo essa é uma das maiores diferenças entre a Umbanda dita tradicional e as casas que se utilizam de tal prática.

Depois de 55 anos à frente da Tenda Nossa Senhora da Piedade, Zélio passou a direção para as filhas Zélia e Zilméa, continuando, porém, a trabalhar juntamente com sua esposa, Isabel (médium do Caboclo Roxo), na Cabana de Pai Antônio, em Boca do Mato, em Cachoeira de Macacu, no Rio de Janeiro.

Zélio Fernandino de Moraes faleceu no dia 03 de outubro de 1975, após 66 anos dedicados à Umbanda, que muito lhe agradece.

Embora chamada popularmente de religião de matriz africana, na realidade, a Umbanda é um sistema religioso formado de diversas matrizes, com diversos elementos cada:

Matrizes	Elementos mais conhecidos
Africanismo	Culto aos Orixás, trazidos pelos negros escravos, em sua complexidade cultural, espiritual, medicinal, ecológica etc. e culto aos Pretos-Velhos.
Cristianismo	Uso de imagens, orações e símbolos católicos. A despeito de existir uma Teologia de Umbanda, própria e característica, algumas casas vão além do sincretismo, utilizando-se mesmo de dogmas católicos.[4]
Indianismo	Pajelança; emprego da sabedoria indígena ancestral em seus aspectos culturais, espirituais, medicinais, ecológicos etc.; culto aos caboclos indígenas ou de pena.

---

4. Há, por exemplo, casas de Umbanda com fundamentos teológicos próprios, enquanto outras rezam o terço com os mistérios baseados nos dogmas católicos e/ou se utilizam do Credo Católico, onde se afirma a fé na Igreja Católica (Conforme indicam Guias, Entidades e a própria etimologia, leia-se "católica" como "universal", isto é, a grande família humana.), na Comunhão dos Santos, na ressurreição da carne, dentre outros tópicos da fé católica. Isso em nada invalida a fé, o trabalho dos Orixás, das Entidades, das Egrégoras de Luz formadas pelo espírito, e não pela letra da recitação amorosa e com fé do Credo Católico.

Matrizes	Elementos mais conhecidos
Kardecismo	Estudo dos livros da Doutrina Espírita, bem como de sua vasta bibliografia; manifestação de determinados espíritos e suas Egrégoras, mais conhecidas no meio Espírita, como os médicos André Luiz e Bezerra de Menezes. Utilização de imagens e bustos de Allan Kardec, Bezerra de Menezes e outros; estudo sistemático da mediunidade; palestras públicas.
Orientalismo	Estudo, compreensão e aplicação de conceitos como prana, chacra e outros; culto à Linha Cigana – que em muitas casas vem, ainda, em linha independente, dissociada da chamada Linha do Oriente.

Por seu caráter ecumênico, de flexibilidade doutrinária e ritualística, a Umbanda é capaz de reunir elementos os mais diversos, como os sistematizados.

Mais adiante, ao se tratar das Linhas da Umbanda, veremos que esse movimento agregador é incessante: como a Umbanda permanece de portas abertas aos encarnados e aos espíritos das mais diversas origens étnicas e evolutivas, irmãos de várias religiões chegam aos seus templos em busca de saúde, paz e conforto espiritual, bem como outras falanges espirituais juntam-se à sua organização.

Aspectos da Teologia de Umbanda

Monoteísmo	Crença num Deus único (Princípio Primeiro, Energia Primeira etc.), conhecido principalmente como Olorum (influência iorubá) ou Zâmbi (influência Angola).

Aspectos da Teologia de Umbanda

Crença nos Orixás	Divindades/ministros de Deus, ligadas a elementos e pontos de força da natureza, orientadores dos Guias e das Entidades, bem como dos encarnados.
Crença nos Anjos	Enquanto figuras sagradas (e não divinas) são vistas ou como seres especiais criados por Deus (Influência do Catolicismo.), ou como espíritos bastante evoluídos (Influência do Espiritismo/Kardecismo.).
Crença em Jesus Cristo	Vindo na Linha de Oxalá e, por vezes, confundido com o próprio Orixá, Jesus é visto ou como Filho Único e Salvador (Influência do Catolicismo/do Cristianismo mais tradicional.), ou como o mais evoluído dos espíritos que encarnaram no planeta, do qual, aliás, é governador (Influência do Espiritismo/Kardecismo.).
Crença na ação dos espíritos	Os espíritos, com as mais diversas vibrações, agem no plano físico. A conexão com eles está atrelada à vibração de cada indivíduo, razão pela qual é necessário estar sempre atento ao "Orai e vigiai." preconizado por Jesus.
Crença nos Guias e nas Entidades	Responsáveis pela orientação dos médiuns, dos terreiros, dos consulentes e outros, sua atuação é bastante ampla. Ao auxiliarem a evolução dos encarnados, colaboram com a própria evolução.
Crença na reencarnação	As sucessivas vidas contribuem para o aprendizado, o equilíbrio e a evolução de cada espírito.

Aspectos da Teologia de Umbanda

Crença na Lei de Ação e Reação	Tudo o que se planta, se colhe. A Lei de Ação e Reação é respaldada pelo princípio do livre-arbítrio.
Crença na mediunidade	Todos somos médiuns, com dons diversos (de incorporação, de firmeza, de intuição, de psicografia etc.).

Diversidade

Nas religiões de matriz africana há uma diversidade muito grande: do Candomblé para Umbanda; de casa da mesma religião para outra casa; de região para região; de qualidade de um Orixá para outra do mesmo Orixá etc.

Além disso, por razões históricas, culturais e de resistência e manutenção do culto, os adeptos precisaram (e precisam) se adaptar constantemente. Nem sempre, por exemplo, o que se fazia em África, ou na senzala, é feito, hoje, numa Casa de Santo.

Nada no culto aos Orixás é feito sem orientação direta da própria Espiritualidade ou dos dirigentes espirituais. Uma planta que serve para banho nem sempre serve para outra função. Existem as incompatibilidades e as particularidades de cada qualidade de Orixá. O nome de uma planta votiva pode mudar em outras regiões.

Enfim, as diversidades precisam ser respeitadas. Considerando-as como foco para a unidade; não se deve aventurar-se em qualquer prática sem a devida orientação, a fim de não haver choque energético. A sabedoria pressupõe humildade, diálogo e paciência.

Com diferenças de fundamentos, litúrgicas, culto e, consequentemente, na forma de se trabalhar as qualidades dos Orixás, Candomblé e Umbanda caminham juntos, lado a lado, como religiões irmãs. Ou assim deveria ser.

A fim de contribuir para o diálogo, vejam-se os textos seguintes.

Juntos somos mais fortes

É fato que as Religiões de Matriz Africana são alvo de preconceito, discriminação e intolerância, em vários níveis, por grande parte da sociedade. Contudo, o que mais fere e enfraquece é a desunião entre irmãos.

Enquanto umbandistas pensarem e declararem "Eu não gosto do Candomblé!" ou "Se o pessoal do Candomblé for, eu não vou..."; enquanto candomblecistas acreditarem e afirmarem "A Umbanda é fraquinha..." ou "Essas umbandinhas que estão por aí...", dificilmente caminharemos juntos sob o manto branco de Oxalá.

Dias desses ouvi alguém dizendo a um irmão de outra casa: "Embora não seja a forma de sincretismo como o Orixá é tratado em nossa casa, gostaria de parabenizar etc...". Ora, como posso ir ao encontro de um irmão iniciando meu gesto com um "embora" ou um "apesar de"? Onde está o respeito à diversidade? Essa inconsciência me lembrou da fala de um amigo reverendo anglicano, que comentava o quanto é triste ver irmãos católicos romanos presentes em ordenações de reverendas anglicanas negando-se a participar da mesa da comunhão.

Aceitar e respeitar a diversidade não significa perder a identidade.

Umbandistas e candomblecistas, se vivenciarmos o respeito entre nós, o amor e o diálogo cidadão e legal (em todos os sentidos) certamente se propagarão em outras esferas.

Juntos, somos mais fortes.

Sobre a expressão "Religiões de Matriz Africana"

Embora o mais comum seja referir-se hoje ao Candomblé, à Umbanda e a outras religiões similares como Religiões Tradicionais de Terreiro, ainda é bastante empregada a expressão Religiões de Matriz Africana, embora esta matriz não seja a única a constituir tais religiões.

Nesse sentido, é bastante esclarecedor o questionamento do professor Ildásio Tavares, em seu livro Xangô, da Editora Pallas (2008), no qual procura denominar as religiões de terreiro como jeje-nagôs-brasileiras, o que, pelo último termo, a meu ver, incluiria também a Nação Angola:

Os nomes que não nomeiam

Fala-se com muita segurança, empáfia (e até injúria) em religião negra, religião africana, religião afro-brasileira, ou culto, mais pejorativamente. Essa terminologia é facciosa, discriminatória, preconceituosa, redutiva e falsa. Auerbach dizia que os maus termos, em ciência, são mais danosos que as nuvens à navegação. Negro é um termo que toma por parâmetro uma cor de pele que nem sequer é negra. Que seria religião negra? Aquela praticada por negros, apenas, ou aquela criada por negros e praticada por brancos, negros mulatos ou alguém com algum dos 514 tipos de cor achados no Brasil por Herskovits? Religião negra é um termo evidentemente racista quer usado pelos brancos para discriminar e inferiorizar o negro, quer usado pelo negro para se autodiscriminar defensivamente com uma reserva de domínio rácico e cultural.

Africano é absurdamente generalizante, na medida em que subsume uma extraordinária pluralidade e diversidade cultural em um rótulo simplista e unívoco. Nelson Mandela é frequentemente mencionado como um líder africano. Jamais alguém chamaria Adolf Hitler de um líder europeu ou de um líder branco apesar de este ser um defensor da superioridade dos arianos que não são necessariamente brancos, vez que a maioria dos judeus é de brancos, assim como os poloneses; e Hitler os tinha como inferiores, perniciosos e queria eliminá-los da face da Terra. Este rótulo redutivo lembra-me o episódio de nosso grotesco e absurdo presidente Jânio Quadros chamando o intelectual sergipano Raimundo de Souza Dantas, para ser embaixador do Brasil na África por ele ser de pele escura. Quando o perplexo Raimundo replicou: "Excelência, a África é um continente! Como posso ser embaixador do Brasil em um continente?" O burlesco presidente respondeu: "Não importa, o senhor vai ser embaixador do Brasil na África.". E foi. Sediado em Gana.

Este é o típico exemplo de absurdo brasileiro, de seu surrealismo de hospício que muitos adotam como postura científica, para empulhar os tolos, os ingênuos e os incautos, armadilha perpetrada por canalhas para capturar os obtusos, diria Rudyard Kipling ao deixar o colonialismo para definir o Super Homem.

O rótulo afro-brasileiro também é falacioso. Aprendi no curso primário que o povo brasileiro está composto basicamente de três etnias: a dos índios, vermelha; a dos europeus, branca, e a dos africanos, preta. Por definição, portanto, brasileiro é a combinação de índio, africano e europeu, branco, vermelho e preto em proporções variáveis, é claro. Já se disse, jocosamente, que as árvores genealógicas no Brasil (em sua maioria ginecológicas, matrilineares) ou dão no matou ou na cozinha, ou dão em índio ou em negro, para satirizar a falsa, a ansiada brancura de nosso povo que nem a importação de italianos e alemães conseguiu satisfazer, muito pelo contrário, eles é que escureceram, ao menos culturalmente, assim como os amarelos, haja vista a presença de babalorixás na Liberdade, São Paulo, no Paraná e em Santa Catarina, para não falar de Escolas de Samba de olhos oblíquos.

Ora, se brasileiro já quer dizer parte africano, afro-brasileiro é redundante. Resolvendo a equação, temos: $B = A + I + E$, ou seja, Brasileiro é igual a africano + índio + europeu. Logo AB (Afro-brasileiro) será igual a $A + AIB$ (Africano + Índio + Brasileiro). Tem africano demais nessa equação. Eliminando o termo igual, discriminaremos o Afro-brasileiro. A única solução é especificar a origem cultural (ou etnográfica, se quiserem) da religião. Para mim seria adequado dizer-se religiões brasileiras de origem africana, índia ou judaico-europeias, todas nossas. Mas como seria longo demais e detesto siglas, prefiro falar religiões jeje-nagôs-brasileira. É mais adequado. Pode não ser preciso. Mas a precisão é um desiderato dos relógios suíços, dos mísseis, dos navios que não afundam e dos filósofos positivistas. Não tenho simpatia por nenhum dos quatro.

Nanã

Associada às águas paradas e à lama dos pântanos, Nanã é a decana dos Orixás. De origem daomeana, incorporada ao panteão iorubá, foi a primeira esposa de Oxalá, tendo com ele três filhos: Iroko (ou Tempo), Obaluaê (ou Omulu) e Oxumaré.

Senhora da vida (lama primordial) e da morte (dissolução do corpo físico na Terra), seu símbolo é o ibiri – feixe de ramos de folha de palmeiras, com a ponta curvada e enfeitado com búzios.

Segundo a mitologia dos Orixás, trata-se do único Orixá a não ter reconhecido a soberania de Ogum por ser o senhor dos metais: por isso, nos Cultos de Nação, o corte (sacrifício de animais) feito à Nanã nunca é feito com faca de metal. Presente na chuva e na garoa: banhar-se com as águas da chuva é banhar-se no e com o elemento de Nanã.

No tocante à reencarnação, envolve o espírito numa irradiação única, diluindo os acúmulos energéticos e adormecendo sua memória, de modo a ingressar na nova vida sem se lembrar das anteriores. Representa, ainda, a menopausa, enquanto Oxum estimula a sexualidade feminina e Iemanjá, a maternidade.

Nanã rege a maturidade, bem como atua no racional dos seres.

Os Inquices são divindades dos cultos de origem banta. Correspondem aos Orixás iorubanos e da Nação Ketu. Dessa forma, por paralelismo, os Inquices, em conversas do povo-de-santo aparecem como sinônimos de Orixás.

Também entre o povo-de-santo, quando se usa o termo Inquice, geralmente se refere aos Inquices masculinos, ao passo que Inquice Amê refere-se aos Inquices femininos.

O vocábulo Inquice vem do quimbundo *Nksi* (plural: *Mikisi*), significando "Energia Divina".

Nzumbarandá, Nzumba, Zumbarandá, Ganzumba ou Rodialonga: a mais velha dos Inquices femininos, relacionada à morte, tem paralelismo com o Orixá Nanã.

Vodum é divindade do povo Fon (antigo Daomé). Refere-se tanto aos ancestrais míticos quanto aos ancestrais históricos. No cotidiano dos terreiros, por paralelismo, o vocábulo é empregado também como sinônimo de Orixá (É bastante evidente a semelhança de características entre os mais conhecidos Orixás, Inquices e Voduns). "Vodum" é a forma aportuguesada de "vôdoun".

Ji-vodun	Voduns do alto, chefiados por Sô (Heviossô).
Ayi-vodun	Voduns da terra, chefiados por Sakpatá.
Tô-vodun	Voduns próprios de determinada localidade. Diversos.
Henu-vodun	Voduns cultuados por certos clãs que se consideram seus descendentes. Diversos.

Mawu (gênero feminino) é o Ser Supremo dos povos Ewe e Fon, que criou a terra, os seres vivos e os voduns. Mawu associa-se a Lissá (gênero masculino), também responsável pela criação, e os voduns são filhos e descendentes de ambos. A divindade dupla Mawu-Lissá é chamada de Dadá Segbô (Grande Pai Espírito Vital).

Há vários Voduns masculinos e femininos associados a Nanã, conforme demonstram registros e pesquisas vários, tanto em África como nos países destinatários da Diáspora Africana, como o Brasil.[5]

Conforme registra Cléo Martins a respeito da diversidade do culto, ressaltando o aspecto feminino do Orixá (iabá ou aiabá),

> [...] Seja como for, sob o nome que responder, uma coisa é certa: em todas as nações a referida divindade conserva características semelhantes, sendo a aiabá dos primórdios. Também é de se notar o fato de que em todas as nações é usada para a divindade a mesma saudação – Salubá! (p. 72)

Algumas ocorrências

Entre os Fons e Ewe (África)	Mawu, que se associa ao princípio masculino Lissá.

---

5. Para que se entenda ao menos em parte a questão do masculino e do feminino associado a Nanã, reportemos ao culto a Obaluaê conforme registrou Pierre Verger em África. Segundo o autor,

   [...] Existe uma confusão muito grande a respeito de Sànpònná Obalúayé, Omolu e Molu, que se misturam em alguns lugares e, em outros, são deuses distintos. O que dificulta o problema vem do fato de que Nanã Buruku é igualmente confundida com eles (...).
   (...) ou assistimos na África a um sincretismo entre duas divindades vindas uma do leste, Sànpònná Obalúayé (Nàná-Buruku), e outra do oeste, Omolu-Molu (Nàná-Brukung), que se juntaram e tomaram um caráter único em Kêto; ou, então, tratar-se-ia de uma divindade única, trazida por migrações leste-oeste, como a dos Ga, que foram de Benin para a região de Accra, durante o reino de Udagbede, no fim do século XII e levada depois para seu lugar de origem, com um novo nome que, no início, era apenas um epíteto. [...] (p. 214)

Algumas ocorrências

Mina-Jeje (Maranhão)	Vodum da família de Davice, mas que se manifesta na linha de Quevioçô (os chamados Voduns estrangeiros).
No Querebetê de Zomadônu (Maranhão)	Vodum mais velho da família nagô, conhecida como Nanambiocô, Nanã Burucu, Nanã Borocô e Nanã Borotu.
Casa das Minas (Maranhão)	Naê, chamada carinhosamente de Senhora Velha ou Sinhá Velha.
Nação Congo-Angola	Mametu Zumbá.

Muito interessantes são os registros e as descrições que Pierre Verger (2002) faz a respeito do culto de Nanã em África, o qual, aliás, se dá em vários territórios e sob diversos formatos:

> *A população de Tchetti faz parte dos grupos emigrantes de Ifé, em uma época que antecedeu a chagada de Odùduà e que hoje não mais fazem parte de um reino propriamente dito. Eles se comportam, escreve J. Igué, "como populações asiladas e apresentam uma estrutura social pouco desenvolvida, limitada unicamente ao poder aldeão. Mas, na ausência de Estado, o impacto das religiões tradicionais é muito forte na sociedade e são precisamente os chefes religiosos que garantem a coesão social".*
>
> *Tivemos oportunidade de assistir, em Tchetti, às danças em honra de Nanã Brukung.*
>
> *Na noite anterior, realizou-se a vigília. O quadro era impressionante. Algumas pedras grandes, amontoadas no flanco da colina, avançavam sobre a aldeia. Distinguiam-se, ainda confusamente, os tons avermelhados dos telhados de palha e da vegetação amarelada pela seca. Anoitecendo,*

não se distinguia mais que a primeira fila dos espectadores, levemente iluminados pela luz de lampião e pelas chamas ondulantes de uma fogueira. As pessoas reunidas bebiam muito sèketé, cerveja de milho, e sapalo, cerveja de milho miúdo. Houve danças de caráter profano em que os dançarinos executavam alguns passos rápidos e batiam os pés, com o corpo inclinado pra frente e os cotovelos jogados bem para trás, em movimentos vivos e enérgicos. Os cantos tinham um curioso aspecto de uivos em que as inflexões das vozes subiam e desciam uma oitava em tempos alternados. Um agogô destacava o ritmo, baseado em uma alternância de duas pancadas fortes, seguidas de duas outras mais fracas.

As danças para Nanã Brukung realizaram-se no dia seguinte, ao redor de uma árvore (odan), um fícus que permaneceu verde, produzindo uma sombra fresca no meio da aridez geral da paisagem. Os dançarinos, de idade avançada, faziam evoluções ao som de tambores apinti e de sinos de percussão. Tinham a cabeça raspada e, em volta dela, um círculo foi desenhado com asùn. Manchas brancas foram feitas com efun (giz) sobre a testa e as têmporas. Estavam vestidos com uns panos, presos acima do peito ou enrolados à cintura, deixando os ombros descobertos. Seus braços e pescoço estavam ornados com pulseiras e colares. Todos eles traziam na mão um cajado salpicado de vermelho, no alto do qual fora conservado um pedaço de galho, como os descritos pelo Tenente Conde Zeck em seu relatório sobre Schiari. <u>A dança consistia num lento desfile dos iniciados de Nanã Brukung e parecia rememorar a peregrinação por eles realizada no passado. Iam apoiados em seus bastões, andando um pouco de lado, com passos lentos e circunspectos.</u> Os pés tocavam o chão com precaução, suas atitudes imitavam a fadiga de uma longa viagem através das planícies queimadas pelo sol e os canteiros escarpados das montanhas, à volta de Schiari.

Os cantos, cujas letras são em iorubá arcaico (aná), parecem ser alusões a essa provação:

"Arua nona kò jina, a sin wa nona kò jina".

("Enganaram-me dizendo que não longe, acompanhem-me, não é longe.")

Elas param, vez por outra, inclinando-se para frente para saudar e depois arqueiam o corpo para trás.

Neste momento, os que assistem à dança vêm sustenta-los para evitar que caiam. Em seguida, dançam com precaução, a pequenos passos, inclinando-se para a esquerda e para a direita:

"Okè wa kò rigùn, Okè wa yo

Botolé mofo, o ka jodun.

Onilé wa nîlé, Alejo wa berena

Binie fun mi mo gba, binie tan mi o nko bere."

[" Para o alto não podemos subir, do alto escorregamos

De volta para casa, não falar (do que se viu). Vamos celebrar a festa do ano.

O proprietário da casa está na casa, o estranho pede caminho. Se Inie me dá, eu tomo. Se Inie recusa, eu não peço."]

Algumas vezes os tambores param e iniciados interrompem também a dança. Fazem uma roda, virada para o centro, e entre as mãos fechadas, uma sobre a outra, estreitam seu cajado, num gesto semelhante ao dos iniciados de Nanã Brukung no Brasil.

Constatamos que os orikì para Nanã Brukung, colhidos em Keto e Abeokutá, cidades situadas na região leste, descrevem bem as suas diversas características definidas para esse culto na região oeste. [...]

As danças de Nanã

Na Nação Ketu (Candomblé), a dança é lenta, com Nanã curvada. Contudo, quando, por exemplo, dança o avania (arramunha ou vramunha), dança como guerreira este conjunto de 17 passos.

Já na Nação Jeje (Candomblé), Nanã costuma dançar o modubi, o bravum e o sató, além de acompanhar Obaluaê no opanijé. É ao sató que nos deteremos, a partir da descrição de Cléo Martins:

> Nanã gosta muito do sató, um ritmo alegre e festivo. Nele as mãos ficam juntas, de punhos fechados (como se segurassem um pilão) em frente à barriga. Os movimentos são para o alto, de forma varonil (cabeça erguida), e para baixo. Finalmente, o braço direito, com o punho cerrado, é jogado para o lado esquerdo e vice-versa, girando voltas em torno do corpo, retomando a coreografia original. (p. 92)

Esta posição "de punhos fechados, como se segurassem um pilão", evoca as danças de Tchetti e Schiare, conforme anotadas por Verger e citado anteriormente, com grifo nosso. É ainda Verger que registra a respeito da dança de Nanã, na América:

> [...] Em certos momentos, viram-se para o centro da roda e colocam seus punhos fechados, um sobre o outro, parecendo segurar um bastão, num gesto semelhante ao que vimos em Tchetti, na África. (240)

Esta postura das mãos também é empregada na dança de Nanã em diversas casas de Umbanda.

Filhos de Nanã
(teogonia/ teologia/ mitologia)

Oxumaré

Filho mais novo e preferido de Nanã, Oxumaré, segundo a tradição, em especial do Candomblé, participou da criação do mundo, enrolando-se ao redor da Terra e reunindo a matéria, enfim, dando forma ao mundo. Desenhou vales e rios, rastejando-se mundo afora.

Responsável pela sustentação do mundo, controla o movimento dos astros e oceanos.

Representa o movimento, a fertilidade, o *continuum* da vida: Oxumaré é a cobra que morde a própria cauda, num ciclo constante.

Oxumaré carrega as águas dos mares para o céu para a formação das chuvas. É o arco-íris, a grande cobra colorida.

Também é associado ao cordão umbilical, pois viabiliza a comunicação entre os homens, o mundo dito sobrenatural e os antepassados. Na comunicação entre céu e Terra, entre homem e espiritualidade/ancestralidade, mais uma vez se observa a ideia de ciclo contínuo representada pelo Orixá, a síntese dialética entre opostos complementares.

Nos seis meses em que assume a forma masculina, tem-se a regulagem entre chuvas e estiagem, uma vez que, enquanto o arco-íris brilha, não chove. Por outro lado, o próprio arco-íris indica as chuvas em potencial, prova de que as águas estão sendo levadas para o céu para formarem novas nuvens. Já nos seis meses em que assume a porção feminina, tem-se a cobra a rastejar com agilidade, tanto na terra quanto na água.

Por evocar a renovação constante, pode, por exemplo, diluir a paixão e o ciúme em situações onde o amor (irradiação de Oxum) perdeu terreno. Nesse mesmo sentido, pode também diluir a religiosidade fixada na mente de alguém, conduzindo-o a outro caminho religioso/espiritual que o auxiliará na senda evolutiva.

Em determinados segmentos e casas de Umbanda, Oxumaré aparece como uma qualidade do Orixá Oxum.

Obaluaê

Obaluaê, com as variações de Obaluaiê e Abaluaiê, tem culto originário no Daomé.

Filho de Nanã, irmão de Iroco e Oxumaré, tem o corpo e o rosto cobertos por palhas-da-costa, a fim de esconder as marcas da varíola, ou sendo outras lendas, por ter o brilho do próprio Sol, e não poder ser olhado de frente.

Foi criado por Iemanjá, pois Nanã o rejeitara por ser feio, manco e com o corpo coberto de feridas.

Orixá responsável pelas passagens, de plano para plano, de dimensão para dimensão, da carne para o espírito, do espírito para a carne.

Orixá responsável pela saúde e pelas doenças, possui estreita ligação com a morte. Enquanto sua mãe se responsabiliza pela decantação dos espíritos que reencarnarão, Obaluaê estabelece o cordão energético que une espírito e feto, que será recebido no útero materno assim que tiver o desenvolvimento celular básico, vale dizer, o dos órgãos físicos.

Em linhas gerais, Obaluaê é a forma mais velha do Orixá, enquanto Omulu é sua versão mais jovem, embora que para a maioria as figuras e os arquétipos sejam idênticos.

Conhecido como médico dos pobres, com seu xaxará (Feixe de piaçavas ou maço de palhas-da-costa, enfeitado com búzios e miçangas.), afasta as enfermidades, trazendo a cura.

Também é o guardião das almas que ainda não se libertaram do corpo físico e senhor da calunga (cemitério).

Os falangeiros do Orixá são os responsáveis por desligar o chamado cordão de prata (fios de agregação astral-físicos), responsável pela ligação entre o perispírito e o corpo carnal. Atuam em locais de manifestação do pré e do pós-morte, tais como hospitais, necrotérios e outros, com vistas a não permitir que espíritos vampirizadores se alimentem do duplo etérico dos desencarnados ou dos que estão próximos do desencarne.

Além disso, auxiliam os profissionais da área da saúde, de terapias holísticas e afins, bem como aliviam as dores dos que padecem.

Iabás

Outras Iabás (Orixás femininos).

Iemanjá

Considerada a mãe dos Orixás, divindade dos Egbé, da nação Iorubá, está ligada ao rio Yemojá[6].

No Brasil, é a rainha das águas salgadas e dos mares. Protetora de pescadores e jangadeiros, suas festas são muito populares no país, tanto no Candomblé quanto na Umbanda,

---

6. Conforme anota Pierre Verger, motivados por guerras, os Egbés mudaram-se para Abeokutá, no início do século XIX, passando a cultuar Iemanjá o rio *Ògùn*, que não deve ser confundido com o Orixá *Ògún*

especialmente no extenso litoral brasileiro. Senhora dos mares, das marés, das ondas, das ressacas, dos maremotos, da pesca e da vida marinha em geral.

Conhecida como Deusa das Pérolas, é o Orixá que apara a cabeça dos bebês na hora do nascimento.

Rege os lares, as casas, as uniões, as festas de casamento, as comemorações familiares. Responsável pela união e pelo sentido de família, seja por laços consanguíneos ou não.

Oxum

Orixá do feminino, da feminilidade, da fertilidade; ligada ao rio Oxogbô, em Ijexá (Nigéria).

Senhora das águas doces, dos rios, das águas quase paradas das lagoas não pantanosas, das cachoeiras e, em algumas qualidades e situações, também da beira-mar.

Perfumes, joias, colares, pulseiras e espelhos alimentam sua graça e beleza.

Filha predileta de Oxalá e de Iemanjá, foi esposa de Oxóssi, de Ogum e, posteriormente, de Xangô (segunda esposa). Senhora do ouro (na África, cobre), das riquezas, do amor.

Orixá da fertilidade, da maternidade, do ventre feminino, a ela se associam as crianças. Nas lendas em torno de Oxum, a menstruação, a maternidade, a fertilidade, enfim, tudo o que se relaciona ao universo feminino, é valorizado.

Entre os iorubás tem o título de Ialodê (senhora, "lady"), comandando as mulheres, arbitrando litígios e responsabilizando-se pela ordem na feira.

No jogo dos búzios, é ela quem formula as perguntas, respondidas por Exu. Os filhos de Oxum costumam ter boa comunicação, inclusive no que tange a presságios.

Oxum, Orixá do amor, favorece a riqueza espiritual e material, além de estimular sentimentos como amor, fraternidade e união.

Iansã

Orixá guerreiro, senhora dos ventos, das tempestades, dos trovões e também dos espíritos desencarnados (eguns), conduzindo-os para outros planos, ao lado de Obaluaê.

Divindade do rio Níger, ou Oya, é sensual, representando o arrebatamento, a paixão.

De temperamento forte, foi esposa de Ogum, e depois a mais importante esposa de Xangô (ambos tendo o fogo como elemento afim).

Irrequieta e impetuosa, é a senhora do movimento e, em algumas casas, também a dona do teto da própria casa.

Uma de suas funções espirituais é trabalhar a consciência dos desencarnados que estão à margem da Lei, para, então, poder encaminhá-los a outra linha de evolução.

Euá

Divindade do rio Yewa, também conhecida como Iya Wa, considerada a dona do mundo e dos horizontes, ligada às águas e, por vezes, associada à fertilidade. Em algumas lendas aparece como esposa de Obaluaê/Omulu. Já em outras, é esposa de Oxumaré, relacionada à faixa branca do arco-íris (seria a metade feminina desse Orixá).

Protetora das virgens, tem o poder da vidência, sendo senhora do céu estrelado.

Por vezes é confundida com Iansã, Oxum e mesmo Iemanjá. Além do arpão, seu símbolo mais conhecido, pode também carregar um ofá (arco e flecha) dourado, uma espingarda ou uma serpente de metal. Também é simbolizada pelo raio de sol, pela neve e pelas palmeiras em formato de leque.

Orixá pouco cultuado na Umbanda.

Obá

Orixá do rio Níger, irmã de Iansã, é a terceira e mais velha das esposas de Xangô. Alguns a cultuam como um aspecto feminino de Xangô.

É ainda prima de Euá, a quem se assemelha em muitos aspectos. Nas festas da fogueira de Xangô, leva as brasas para seu reino (símbolo do devotamento, da lealdade ao marido).

Guerreira e pouco feminina, quando repudiada pelo marido, rondava o palácio com a intenção de a ele retornar.

Linha de Iemanjá, Linha d'água ou Povo d'água (Umbanda)

Também conhecida como Linha d´Água ou Povo d´Água. Representa o feminino, a maternidade, a energia geradora. As entidades dessa linha apreciam trabalhar com água, inclusive do mar ou salgada, fixando vibrações, de maneira serena.

Na Umbanda, Oxum, Iansã e Nanã, assim como as demais iabás, pertencem a essa Linha.

Sete chefes de legião da vibração espiritual de Iemanjá

Cabocla Iara	Representante da vibração espiritual.
Cabocla Estrela do Mar	Intermediária para Oxalá.
Cabocla Indaiá	Intermediária para Oxóssi.
Cabocla do Mar	Intermediária para Ogum.
Cabocla Iansã	Intermediária para Xangô.
Cabocla Nanã Buruquê	Intermediária para Yorimá.
Cabocla Oxum	Intermediária para Yori.

Alguns Guias de Nanã

Caboclos de Nanã	De incorporação contida, dançam pouco. Por meio dos passes, encaminham espíritos com baixa vibração. Aconselham bastante, explanando sobre carma e resignação. Esses Caboclos são raros.
Pretos-Velhos de Nanã	De incorporação lenta e pesada, são raros e cobram bastante seriedade e respeito de todos, em especial dos pais e mães da casa. Cobram bastante dos médiuns, não aceitando, por exemplo, roupas curtas ou transparentes. Não são muito flexíveis nas consultas. Quanto aos médiuns, costumam se afastar daqueles que não consideram de moral adequada. Se um médium seu resolve sair de uma casa, podem optar por ficar se considerarem a casa digna e adequada. Prezam a gratidão. Aconselham especialmente sobre moral e compreensão do carma. Assim como os Pretos-Velhos de Iansã e Obaluaê, conduzem espíritos rumo à evolução.

Cores

Predomina roxo ou lilás. Em algumas qualidades, sobretudo no Candomblé, branco e azul.

Símbolos

Quando se tratam de Orixás, símbolos não são apenas símbolos. Por exemplo, o símbolo de um Orixá num ponto riscado abre dimensões para o trabalho espiritual. O mesmo se dá com as ferramentas de Orixás: quando um Orixá dança num barracão e utiliza sua ferramenta, estão sendo cortadas energias deletérias e disseminados os Axés dos Orixás.

Ibiri

Feixe de ramos de folha de palmeiras, com a ponta curvada e enfeitado com búzios.

Saudação

Salubá! ou Saluba, Nanã!, que significa "Nós nos refugiamos em Nanã!", ou "Salve a Senhora da Lama (ou do Poço)!", ou ainda "Salve a Senhora da Morte!".

Dia da semana

Segunda-feira e/ou sábado.

Tarô

No *Tarô dos Orixás* de Eneida Duarte Gaspar, Nanã é associada à carta II do Tarô de Marselha, A Sacerdotisa ou A Papisa: sentada, a papisa segura um livro (fonte de sabedoria). O tronco e a cabeça formam um triângulo ascendente (espiritual). Já a parte inferior da cabeça compõe o sinal da matéria (quadrado). Predomina em suas vestes o azul, e o losango vermelho evoca a vagina, a atividade escondida.

- Significado básico de A Sacerdotisa: Intuição, algo escondido. Silêncio ou necessidade de silêncio. Alguém estrangeiro. Sentimento religioso e/ou espiritual. Influência da Lua e de Saturno.
- Significado básico oposto de A Sacerdotisa: Preguiça. Imaginação em excesso. Intenções hostis.

No *Tarô dos Orixás*, conforme a própria Eneida Duarte Gaspar,

> *[...] É a dona da sabedoria mais antiga e oculta. Considerada a mais velha das mães d´água, seu domínio é a chuva que lavou tudo e se misturou à terra, ao pântano, ao fundo lamacento onde os detritos afundam e se transformam na nova vida que brotará. Nanã é a Sacerdotisa que, segura de sua experiência, sabe que agora não é o momento de agir. Seu mundo é a natureza e ela é capaz de sentir quando o peso da realidade exterior bloqueia as possibilidades de concretizar suas intenções. Por isso, quando a realidade está obscura, ela se senta, recolhe suas lembranças, medita e estuda o caminho a seguir, enquanto protege seu íntimo contra possíveis reações*

negativas do exterior. Ela sente que guarda um grande poder que vem do passado, mas não consegue dirigi-lo ativamente; por isso, espera um milagre que esclareça a situação. (p. 6)

Obviamente as lâminas ou cartas apresentam-se com significado mais profundo durante a leitura, em especial conforme a posição que assumem no jogo e com relação às outras cartas.

A Papisa Joana

Conta-se que no século IX uma jovem inglesa apaixonou-se por um monge. Para ficar perto de seu amado, vestiu-se de homem e ingressou no convento.

Após a morte do monge, a jovem continuou a fingir ser um dos religiosos. Em Roma, para onde se transferira, ascendeu ao cardinalato.

Eleita papa João VIII, deu à luz em público a um bebê, fruto da união com um amante (camareiro, conselheiro ou cardeal), quando se revelou seu segredo.

Em síntese, essa é a lenda da papisa Joana.

Sincretismo

(...)
Quando os povos d'África chegaram aqui
Não tinham liberdade de religião.
Adotaram o Senhor do Bonfim:
Tanto resistência, quanto rendição.

Quando, hoje, alguns preferem condenar
O sincretismo e a miscigenação,
Parece que o fazem por ignorar
Os modos caprichosos da paixão.

Paixão que habita o coração da natureza-mãe
E que desloca a história em suas mutações,
Que explica o fato de Branca de Neve amar
Não a um, mas a todos os Sete Anões.
(...)

(Gilberto Gil)

A senzala foi um agregador do povo africano. Escravos muitas vezes apartados de suas famílias e divididos propositadamente em grupos culturais e linguisticamente diferentes – por vezes antagônicos, para evitar rebeliões –, organizaram-se de modo a criar uma pequena África, o que posteriormente se refletiu nos terreiros de Candomblé, onde Orixás procedentes de regiões e clãs diversos passaram a ser cultuados numa mesma casa religiosa.

Entretanto, o culto aos Orixás era velado, uma vez que a elite branca católica considerava as expressões de espiritualidade e fé dos africanos e seus descendentes como associada ao mal, ao Diabo cristão, caracterizando-a pejorativamente de primitiva.

Para manter sua liberdade de culto, ainda que restrita ao ambiente da senzala, ou, de modo escondido, nos pontos de força da natureza ligados a cada Orixá, os escravizados recorreram ao sincretismo religioso, associando cada Orixá a um santo católico. Tal associação também apresenta caráter plural e continuou ao longo dos séculos, daí a diversidade de associações sincréticas.

Hoje, por um lado, há um movimento de "reafricanização" do Candomblé, dissociando os Orixás dos santos católicos; por outro lado, muitas casas ainda mantêm o sincretismo, e muitos zeladores-de-santo declaram-se católicos.

No caso da Umbanda, algumas casas, por exemplo, não se utilizam de imagens de santos católicos, representando os Orixás em sua materialidade por meio dos otás, entretanto, a maioria ainda se vale de imagens católicas, entendendo o sincretismo como ponto de convergência de diversas matrizes espirituais.

De certa forma, o sincretismo também foi chancelado pelo fato de popularmente Orixá passar a ser conhecido como "Santo" (Orixá de energia masculina/pai/aborô.) ou "Santa" (Orixá de energia feminina/mãe/iabá.), o que reforça a associação e correspondência com os santos católicos, seres humanos que, conforme a doutrina e os dogmas católicos, teriam se destacado por sua fé ou seu comportamento.

Energia masculina e energia feminina de cada Orixá não têm necessariamente relação com gênero e sexualidade tal qual conhecemos e vivenciamos, tanto que, em Cuba, Xangô é sincretizado com Santa Bárbara.

Ainda sobre o vocábulo "Santo" como sinônimo de Orixá, as traduções mais próximas para os termos *babalóòrisá* e *iyálorìsa* seriam pai ou mãe-**no**-santo, contudo o uso popular consagrou pai ou mãe-**de**-santo. Para evitar equívocos conceituais e/ou teológicos, alguns sacerdotes utilizam-se do termo zelador ou zeladora-de-santo.

Em célebre entrevista concedida ao jornal "A Tarde", em 24 de junho de 2001, o zelador-de-santo Agenor Miranda trata de diversos temas que apareceram em entrevistas anteriores.

Duas perguntas tratam de sincretismo e devoção a santos católicos. As mesmas declarações a respeito do sincretismo no Candomblé poderiam, certamente, ser aplicadas ao sincretismo na Umbanda.

P – Na Bahia do Senhor do Bonfim, o sincretismo religioso está muito presente. Qual a sua opinião sobre o sincretismo, considerando que o senhor é um zelador-de-santo, filho de pais católicos?

R – Não há crime nenhum no sincretismo, porque, se não fosse o sincretismo, não haveria candomblé hoje. Essa é que é a verdade. As mães-de-santo e os pais-de-santo não querem o sincretismo. Mas tem que haver. Se não fosse o sincretismo, como é que o candomblé iria sobreviver até hoje? Teria morrido. Agora, eles não gostam quando eu falo isso. Mas eu falo o que sinto. Não falo pelos outros, falo por mim.

P – O senhor é devoto de Santo Antônio e de São Francisco de Assis e vai sempre à cidade de Assis, na Itália, venerar São Francisco. Como é que o senhor lida com isso dentro do candomblé? Existe preconceito?

R – Se há preconceitos, é com eles. Eu sou eu. Nunca tive conflito. E, agora, tem mais uma coisa: eu sou do santo, católico e espírita. Assim como na família: nem todos são iguais, mas convivem bem. Não é isso? É uma questão de fé.

Não apenas o sincretismo, mas também a convivência, nem sempre pacífica, é verdade, entre religiões em solo e corações brasileiros. A partir da entrevista de Agenor Miranda, evocam, ainda, os seguintes versos de Zeca Pagodinho ("Ogum"):

Sim, vou à igreja festejar meu protetor
E agradecer por eu ser mais um vencedor
Nas lutas, nas batalhas.
Sim, vou ao terreiro pra bater o meu tambor
Bato cabeça firmo ponto sim senhor
Eu canto pra Ogum

A espiritualidade do povo brasileiro é bastante dialógica, sincrética e dinâmica.

Principal forma de sincretismo de Nanã:

NOSSA SENHORA DE SANT´ANA (26 de julho) – Segundo a tradição, mãe de Maria e, portanto, avó de Jesus. Esposa de São Joaquim.

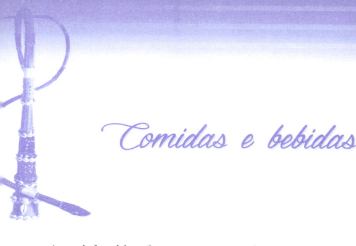

Comidas e bebidas

A cozinha é local para o preparo de pratos ritualísticos e mesmo para cuidados gerais da casa. Alguns terreiros (em especial de Umbanda) não dispõem de cozinha, sendo utilizada a da casa do dirigente espiritual ou de algum médium.

Em linhas gerais, o uso ritualístico da cozinha pressupõe o mesmo respeito, o mesmo cuidado de outras cerimônias de Candomblé e Umbanda, como os xirês e as giras, as entregas (oferendas) e outros: roupas apropriadas, padrão de pensamento específico e centramento necessário etc.

Além disso, os médiuns devem ser cruzados para a cozinha e/ou estarem autorizados a nela trabalhar. No Candomblé, bem como em algumas casas de Umbanda com forte influência dos Cultos de Nação, destaca-se a figura da Iabassê, a responsável maior pelo preparo das comidas sagradas.

Embora se faça uso de comidas e bebidas sagradas em vários momentos da caminhada espiritual da vida dos filhos e sacerdotes/sacerdotisas, os momentos mais conhecidos são as chamadas obrigações. Cada vez mais se consideram as obrigações não apenas como um compromisso, mas, literalmente como uma maneira de dizer obrigado(a).

Em linhas gerais, as obrigações se constituem em oferendas feitas para, dentre outros, agradecer, fazer pedidos, reconciliar-se, isto é, reequilibrar a própria energia com as energias dos Orixás.

Os elementos oferendados, em sintonia com as energias de cada Orixá, serão utilizados pelos mesmos como combustíveis ou repositores energéticos para ações magísticas, da mesma forma que o álcool, o alimento e o fumo utilizados quando o médium está incorporado. Daí a importância de cada elemento ser escolhido com amor, qualidade, devoção e pensamento adequado.

Existem obrigações menores e maiores, variando de terreiro para terreiro; periódicas ou solicitadas de acordo com as circunstâncias, conforme o tempo de desenvolvimento mediúnico e a responsabilidade de cada um com seus Orixás; com sua coroa, como no caso da saída (Quando o médium deixa o recolhimento e, após período de preparação, apresenta solenemente seu Orixá, ou é, por exemplo, apresentado como sacerdote ou ogã.) e outros.

Embora cada casa siga um núcleo comum de obrigações fixadas e de elementos para cada uma delas, dependendo de seu destinatário, há uma variação grande de cores, objetos, características. Portanto, para se evitar o uso de elementos incompatíveis para os Orixás, há que se dialogar com a Espiritualidade e com os dirigentes espirituais, a fim de que tudo seja corretamente empregado ou, conforme as circunstâncias, algo seja substituído.

A cozinha dos Orixás migrou para as mesas e barracas de quitutes brasileiros, pela variedade de sabores, temperos e cores.

- Comidas: em especial, o mungunzá (mingau de milho).
- Bebida: champanha.

Corpo humano e chacras

Por serem ecológicas, as religiões de mátria africana visam ao equilíbrio do trinômio corpo, mente e espírito (holismo); isto é, a saúde física, o padrão de pensamento e o desenvolvimento espiritual de cada indivíduo.

O corpo humano traz em si os quatro elementos básicos da natureza, aos quais se ligam os Orixás. É o envoltório, a casa do espírito, sente dor e prazer. É, ainda, o meio (médium) pelo qual a Espiritualidade literalmente se corporifica, seja por meio da chamada incorporação, intuição, psicografia etc. Portanto, deve ser tratado com equilíbrio, respeito e alegria.

Assim como na tradição hebraico-cristã, segundo a qual Deus e os seres humanos viviam juntos no Éden, a tradição iorubá relata que havia livre acesso aos seres humanos entre o Aiê (Em tradução livre, o plano terreno.) e o Orum (Em tradução livre, o plano espiritual.).

Com a interrupção desse acesso, foi necessário estabelecer uma nova ponte, por meio do culto aos Orixás, em África, o que se amalgamou e resultou, no Brasil, no Candomblé e, em linha histórica diacrônica (Para a Espiritualidade o *timing* é sincrônico e em espiral.), nas demais religiões de matriz africana.

No relato registrado e anotado por Reginaldo Prandi[7]:

No começo não havia separação entre
o Orum, o Céu dos orixás,
e o Aiê, a Terra dos humanos.
Homens e divindades iam e vinham,
coabitando e dividindo vidas e aventuras.
Conta-se que, quando o Orum fazia limite com o Aiê,
um ser humano tocou o Orum com as mãos sujas.
O céu imaculado do Orixá fora conspurcado.
O branco imaculado de Obatalá se perdera.
Oxalá foi reclamar a Olorum.
Olorum, Senhor do Céu, Deus Supremo,
irado com a sujeira, o desperdício e a displicência dos mortais,
soprou enfurecido seu sopro divino
e separou para sempre o Céu da Terra.
Assim, o Orum separou-se do mundo dos homens
e nenhum homem poderia ir ao Orum e retornar de lá
com vida.
E os orixás também não podiam vir à Terra com seus corpos.
Agora havia o mundo dos homens e o dos orixás,
separados.
Isoladas dos humanos habitantes do Aiê, as divindades
entristeceram.
Os orixás tinham saudades de suas peripécias entre
os humanos
e andavam tristes e amuados.

---

7. A escolha se deu porque Prandi, em seus textos literários, é verdadeiro griô (contador de histórias), mestre das palavras que honram, na escrita, a oralidade africana.

Foram queixar-se com Olodumaré, que acabou consentindo
que os orixás pudessem vez por outra retornar à Terra.
Para isso, entretanto, teriam que tomar o corpo material de
seus devotos.
Foi a condição imposta por Olodumaré
Oxum, que antes gostava de vir à Terra brincar com
as mulheres,
dividindo com elas sua formosura e vaidade,
ensinando-lhes feitiços de adorável sedução e irresistível
encanto,
recebeu de Olorum um novo encargo:
preparar os mortais para receberem em seus corpos os orixás.
Oxum fez oferendas a Exu para propiciar sua delicada missão.
De seu sucesso dependia a alegria dos seus irmãos e
amigos orixás.
Veio ao Aiê e juntou as mulheres à sua volta,
banhou seus corpos com ervas preciosas,
cortou seus cabelos, raspou suas cabeças,
pintou seus corpos.
Pintou suas cabeças com pintinhas brancas,
como as pintas das penas da conquém,
como as penas da galinha-d'angola.
Vestiu-as com belíssimos panos e fartos laços,
enfeitou-as com joias e coroas.
O ori, a cabeça, ela adornou ainda com a pena ecodidé,
pluma vermelha, rara e misteriosa do papagaio-da-costa.
Nas mãos as fez levar abebês, espadas, cetros,
e nos pulsos, dúzias de dourados indés[8].

---
8. Indé – pulseira.

*O colo cobriu com voltas e voltas de coloridas contas
e múltiplas fieiras de búzios, cerâmicas e corais.
Na cabeça pôs um cone feito de manteiga de ori,
finas ervas e obi mascado,
com todo condimento de que gostam os orixás.
Esse oxô atrairia o orixá ao ori da iniciada e
o orixá não tinha como se enganar em seu retorno ao Aiê.
Finalmente as pequenas esposas estavam feitas,
estavam prontas, e estavam odara[9].
As iaôs eram a noivas mais bonitas
que a vaidade de Oxum conseguia imaginar.
Estavam prontas para os deuses.
Os orixás agora tinham seus cavalos,
podiam retornar com segurança ao Aiê,
podiam cavalgar o corpo das devotas.
Os humanos faziam oferendas aos orixás,
convidando-os à Terra, aos corpos das iaôs.
Então os orixás vinham e tomavam seus cavalos.
E, enquanto os homens tocavam seus tambores,
vibrando os batás e agogôs, soando os xequerês e adjás,
enquanto os homens cantavam e davam vivas e aplaudiam,
convidando todos os humanos iniciados para a roda do xirê,
os orixás dançavam e dançavam e dançavam.
Os orixás podiam de novo conviver com os mortais.
Os orixás estavam felizes.
Na roda das feitas, no corpo das iaôs,
eles dançavam e dançavam e dançavam.
Estava inventado o candomblé.*

---

9. Odara – lindo(a).

Com relação ao corpo humano, Nanã relaciona-se à dor de cabeça e a problemas intestinais.

Em termos gerais, chacras (rodas) são centros de energia físico-espirituais espalhados por diversos pontos dos corpos físico e espirituais que revestem o físico. Os chacras mais conhecidos são sete, os que estão nas mãos e pés são também muito importantes para o exercício da mediunidade.

Os chacra a que se associa Nanã são o frontal e o cervical.

O 6º Chacra, ou frontal, tem seu nome em sânscrito: Ajna (Centro do comando). Localizado no meio da testa, quando ativo apresenta a cor azul-escura (índigo).

Não apresenta elemento correspondente no mundo físico. Seu som (bija), segundo segmentos religiosos e espiritualistas indianos, é OM. Seu centro físico corresponde à pituitária/hipófise, responsável pela função das demais glândulas. O chacra frontal é o centro psicológico para a evolução do desejo de liderança, integração ao grupo, poder e controle. Liga o corpo inconsciente e o físico (mental). Quando em desequilíbrio, produz, dentre outros, vícios de drogas, álcool, compulsões, problemas nos olhos (cegueira, catarata etc.) e surdez. Também regido por Iemanjá e Nanã.

O 5º Chacra é laríngeo ou cervical. Seu nome em sânscrito é Vishudda (O purificador). Localizado no centro da garganta, próximo ao pomo-de-adão, quando ativo tem a cor azul-clara.

Seu elemento correspondente no mundo físico é o éter, enquanto seu som (bija), segundo segmentos religiosos tradicionais indianos, é HAM. Por sua vez, o centro físico do chacra laríngeo corresponde à tireoide, importante para o crescimento do esqueleto e dos órgãos internos, além de regular o metabolismo, o iodo e o cálcio no sangue e nos tecidos, em outras palavras, a tireoide desempenha papel fundamental no crescimento físico e mental.

O chacra laríngeo é o centro psicológico da evolução da criatividade, da autodisciplina, da iniciativa, da responsabilidade, do agir transpessoal. Além disso, apresenta a força vibratória responsável pela formação da matéria, de modo a interligar pensamento e forma, mente e matéria. Quando em desequilíbrio, produz, dentre outros, resfriados, herpes, dores musculares ou de cabeça, congestão linfática, endurecimento do maxilar, problemas dentários, além de aumentar a suscetibilidade a infecções virais ou bacterianas.

Também regido por Oxumaré e pelos Ibejis (que se associam a todos os chacras, principalmente a este).

Elemento e ponto de força

Pontos da natureza são pontos de forças naturais, tais como pedreiras, matas, cachoeiras etc. Pontos de força são locais que funcionam como verdadeiros portais para a Espiritualidade.

Cada centro de força corresponde a determinado Orixá, Guia ou Guardião, por afinidades de elementos. Além dos pontos da natureza, há outros como cemitérios e estradas, por exemplo.

Os pontos da natureza relacionados a Nanã são águas profundas, cemitérios, lama, lagos, pântanos e seu elemento é água.

A respeito da relação entre os Orixás e os quatro elementos básicos, vale a pena uma breve descrição sobre os Elementais.

Elementais

Os elementais são seres conhecidos nas mais diversas culturas, com características e roupagens mais ou menos semelhantes. Ligam-se aos chamados quatro elementos (terra, água, ar, fogo), daí sua importância ser reconhecida na Umbanda, a qual se serve dos referidos elementos, tanto em seus aspectos físicos quanto em sua contrapartida etérica.

Elemento Terra

Dríades	Trabalham nas florestas, diretamente nas árvores, ligam-se ao campo vibratório do Orixá Oxóssi. Possuem cabelos compridos e luminosos.
Gnomos	Trabalham no duplo etérico das árvores.
Fadas	Manipulam a clorofila das plantas (matizes e fragrâncias), de modo a formar pétalas e brotos. Associam-se à vida das células da relva e de outras plantas.
Duendes	Cuidam da fecundidade da terra, das pedras e dos metais preciosos e semipreciosos.

Elemento Água

Sereias	Atuam nas proximidades de oceanos, rios e lagos, com energia e forma graciosas.
Ondinas	Atuam nas cachoeiras, auxiliando bastante nos trabalhos de purificação realizados pela Umbanda nesses pontos de força.

Elemento Ar

Silfos	Apresentam asas, como as fadas, movimentando-se com grande rapidez. Atuam sob a regência de Oxalá.

Elemento Fogo

Salamandras	Atuam na energia ígnea solar e no fogo de modo geral. Apresentam-se como correntes de energia, sem se afigurarem propriamente como humanos.

Incompatibilidades

As chamadas quizilas (Angola) ou euós (iorubá) são energias que destoam das energias dos Orixás, seja no tocante à alimentação, hábitos, cores etc. No caso da Umbanda, as restrições alimentares, de bebidas, cores etc. ocorrem nos dias de gira, em períodos e situações específicas.

Fora isso, tudo pode ser consumido, sempre de modo equilibrado. Ao contrário, no Candomblé, há, por exemplo, comidas (frutas, pratos e outros) de determinado Orixá que, em dadas circunstâncias (Orixá de cabeça, Orixá chefe do terreiro etc.) só devem ser consumidas no próprio terreiro, e não no dia a dia.

As principais incompatibilidades de Nanã são lâminas (há diversos itãs que explicam a repulsa) e, segundo alguns segmentos afro-religiosos, multidões, provavelmente pelo aspecto de silêncio, recolhimento e antiguidade do Orixá.

Ervas e flores

Fundamentais nos rituais de Umbanda, para banhos, defumações, chás e outros, as ervas devem ser utilizadas com orientação da Espiritualidade e do dirigente espiritual.

Não apenas os nomes das ervas variam de região para região, de casa para casa, mas também as maneiras de selecioná-las, manipulá-las e prepará-las. Daí a necessidade de orientação e direcionamento para seu uso ritualístico.

Banhos

A água, enquanto elemento de terapêutica espiritual, é empregada em diversas tradições espirituais e/ou religiosas. Na Umbanda, em poucas palavras, pode-se dizer que a indicação, as formas de preparo, os cuidados, a coleta, sua ritualística ou a compra de folhas, dentre tantos aspectos, devem ser orientados pela Espiritualidade e/ou pela direção espiritual de uma casa.

As variações são muitas, contudo procuram atender a formas específicas de trabalhos, bem como aos fundamentos da Umbanda.

A seguir um quadro sintético dos tipos mais comuns de banhos empregados na Umbanda.

Banhos de descarga/ descarrego	Servem para livrar a pessoa de energias deletérias, de modo a reequilibrá-la. Pode ser de ervas ou de sal grosso, ou, ainda, serem acrescidos outros elementos.
Banho de descarga com ervas	Após esse banho, as ervas devem ser recolhidas e despachadas na natureza ou em água corrente. Depois desse banho, aconselha-se um banho de energização.
Banho de sal grosso	Banho de limpeza energética, do pescoço para baixo, depois do qual comumente devem ser feitos banhos de energização, a fim de se equilibrarem as energias, visto que, além de retirar as negativas, também se descarregam as positivas. Alguns o substituem pelo próprio banho de mar.
Banhos de energização	Ativam as energias dos Orixás e Guias, afinando-as com as daquele que toma os banhos. Melhoram, portanto, a sintonia com a Espiritualidade, ativam e revitalizam funções psíquicas, melhoram a incorporação etc.
Amaci	Banho mais comum, da cabeça aos pés, ou só de cabeça, orientado por Entidades ou pelo Guia-chefe do dirigente espiritual. Existem também amacis periódicos para o corpo mediúnico, que ritualisticamente o toma.
Banho natural de cachoeira	Possui a mesma função dos banhos de mar, porém em água doce. O choque provocado pela queda d´água limpa energiza. Melhor ainda quando feito em cachoeiras próximas das matas e sob o Sol.

Banho natural de chuva	Limpeza de grande força, é associado ao Orixá Nanã.
Banho natural de mar	Muito bom para descarregos e energização, em especial sob a vibração de Iemanjá.

Sacudimentos

Ritual de limpeza espiritual com o intuito de expulsar energias negativas de pessoa ou ambiente.

Para tanto, empregam-se folhas fortes que são batidas na pessoa ou no ambiente ("surra"), pólvora queimada no local em que se realiza o ritual e, em algumas casas, comidas e aves em contato com a pessoa ou o ambiente, os quais serão posteriormente oferecidos aos eguns (as aves soltas, vivas).

O ritual é completado com banho, no caso de pessoa, e com a defumação do corpo ou do local do sacudimento.

No Candomblé e em algumas casas de Umbanda (geralmente as ditas cruzadas), também são utilizadas aves, que, depois do sacudimento, são soltas.

Defumações

Uma das mais conhecidas formas de limpeza energética feita na Umbanda, a defumação ocorre não apenas no início dos trabalhos (especialmente das giras), mas em outros locais e circunstâncias onde se fizerem necessárias.

As maneiras de se defumar um terreiro ou outro local variam (em casa ou local de trabalho, por exemplo, fazendo ou não um percurso em X em cada cômodo). Contudo, no caso de residência ou comércio, prevalece o hábito de se defumar dos fundos para a porta de entrada (limpeza) e da porta de entrada para os fundos (energização).

Com diversas variações, em virtude da diversidade litúrgica e terapêutica das religiões de matriz africana, associam-se a Nanã os seguintes elementos elencados abaixo.

- Ervas: manjericão roxo, ipê roxo, colônia, folha-da-quaresma, erva-de-passarinho, dama-da-noite, canela-de-velho, salsa-da-praia, manacá.
- Flores: roxas.

Planetas

Neste contexto, nem todo astro, segundo a Astronomia, é planeta, contudo essa é a terminologia mais comum nos estudos espiritualistas, esotéricos etc.

Os planetas associados a Nanã são Mercúrio e Lua.

- Lua: associada a ciclos e (em especial ao feminino. Vale lembrar que uma pessoa desequilibrada psíquica e emocionalmente é chamada de "lunática", enquanto alguém distraído, isto é, cujo pensamento plane por outras paragens, é conhecido por "aluado(a)".
- Mercúrio: provavelmente pela comunicação, pelas mudanças, que, mesmo lentas, são naturais. Interessante notar que a importância da sabedoria ancestral relaciona-se à velocidade das transformações, muitas vezes velozes.

Conforme o *Dicionário de Símbolos*,

> Vizinho mais próximo do Sol, Mercúrio é o planeta mais rápido, de cabriolagens incessantes. Mercúrio, o deus da mitologia, diligente e provido de asas nos pés, tinha o ofício de mensageiro do Olimpo (v. Hermes). Vale dizer que Mercúrio é essencialmente

um princípio de ligação, de intercâmbios, de movimento e adaptação. (p. 606)

Vizinha ao Sol, ao brilho maior, o planeta a que se relaciona Nanã, a Velha Senhora.

Algumas qualidades

Qualidades são tipos ou caminhos de determinado Orixá. São diversas as qualidades, com variações (Fundamentos, nações, casas, representações, entre Umbanda e Candomblé etc.). Enquanto, por exemplo, Iansã Topé caminha com Exu, Iansã Igbale caminha com Obaluaê. Xangô Airá, por sua vez, caminha com Oxalá.

Como são diversas as qualidades e variações, neste trabalho, optou-se por apresentar as qualidades como "algumas".

A seguir, algumas das qualidades mais conhecidas e comuns no Candomblé.

Algumas qualidades do orixá	
Adjaosi	Mora nas águas doces, vestindo-se de azul. Guerreira, por vezes é confundida com o Orixá Obá.
Abenegi	Dela nasceu o Ibá Odu, a cabaça que traz Oxumaré, Oxóssi Olodé, Oiá e Iemanjá.
Buruquê ou Buruku	Ligada à água doce dos pântanos, usa um ibiri azul. Conhecida também como Olu waye (Senhora da Terra) e Oló wo (Senhora do Dinheiro).

A oralidade é bastante privilegiada no Candomblé, tanto para a transmissão de conhecimentos e segredos (os awós) quanto para a aprendizagem de textos ritualísticos. Nesse contexto, entre cantigas e rezas, que recebem nomes diversos conforme a Nação, destacam-se os itãs e os orikis.

Itãs são relatos míticos da tradição iorubá, notadamente associados aos 256 odus (16 odus principais X 16).

Conforme a tradição afro-brasileira, cada ser humano é ligado diretamente a um Odu, que lhe indica seu Orixá individual, bem como sua identidade mais profunda. Variações à parte (Nações, casas etc.), os dezesseis Odus principais são assim distribuídos:

Caídas	Odus	Regências
01 búzio aberto e 15 búzios fechados	Okanran	Fala: Exu Acompanham: Xangô e Ogum
02 búzios abertos e 14 búzios fechados	Eji-Okô	Fala: Ibejis Acompanham: Oxóssi e Exu
03 búzios abertos e 13 búzios fechados	Etá-Ogundá	Fala: Ogum

Caídas	Odus	Regências
04 búzios abertos e 12 búzios fechados	Irosun	Fala: Iemanjá Acompanham: Ibejis, Xangô e Oxóssi
05 búzios abertos e 11 búzios fechados	Oxé	Fala: Oxum Acompanha: Exu
06 búzios abertos e 10 búzios fechados	Obará	Fala: Oxóssi Acompanham: Xangô, Oxum, Exu
07 búzios abertos e 09 búzios fechados	Odi	Fala: Omulu/Obaluaê Acompanham: Iemanjá, Ogum, Exu e Oxum
08 búzios abertos e 08 búzios fechados	Eji-Onilé	Fala: Oxaguiã
09 búzios abertos e 07 búzios fechados	Ossá	Fala: Iansã Acompanham: Iemanjá, Obá e Ogum
10 búzios abertos e 06 búzios fechados	Ofun	Fala: Oxalufá Acompanham: Iansã e Oxum
11 búzios abertos e 05 búzios fechados	Owanrin	Fala: Oxumarê Acompanham: Xangô, Iansã e Exu
12 búzios abertos e 04 búzios fechados	Eji-Laxeborá	Fala: Xangô
13 búzios abertos e 03 búzios fechados	Eji-Ologbon	Fala: Nanã Buruquê Acompanha: Omulu/Obaluaê

Caídas	Odus	Regências
14 búzios abertos e 02 búzios fechados	Iká-Ori	Fala: Ossaim Acompanham: Oxóssi, Ogum e Exu
15 búzios abertos e 01 búzio fechado	Ogbé-Ogundá	Fala: Obá
16 búzios abertos	Alafiá	Fala: Orumilá

O vocábulo "itã" quase não é empregado na Umbanda, contudo os relatos míticos/mitológicos se disseminam com variações, adaptações etc.

Uma das características da Espiritualidade do Terceiro Milênio é a (re)leitura e a compreensão do simbólico. Muitos devem se perguntar como os Orixás podem ser tão violentos, irresponsáveis e mesquinhos, como nas histórias aqui apresentadas. Com todo respeito aos que creem nesses relatos ao pé da letra, as narrativas são caminhos simbólicos riquíssimos encontrados para tratar das energias de cada Orixá e de valores pessoais e coletivos. Ao longo do tempo puderam ser ouvidas e lidas como índices religiosos, culturais, pistas psicanalíticas, oralitura e literatura.

Para vivenciar a espiritualidade das religiões de matriz africana de maneira plena, é preciso distinguir a letra e o espírito, não apenas no tocante aos mitos e às lendas dos Orixás, mas também aos pontos cantados, aos orikis etc.

Quando se desconsidera esse aspecto, existe a tendência de se desvalorizar o diálogo ecumênico e inter-religioso, assim como a vivência pessoal da fé. O simbólico é um grande instrumento para a reforma íntima, o autoaperfeiçoamento, a evolução.

Ressignificar esses símbolos, seja à luz da fé ou da cultura, é valorizá-los ainda mais, em sua profundidade e também em sua superfície, ou seja, em relação ao espírito e ao corpo, à transcendência e ao cotidiano, uma vez que tais elementos se complementam.

Um ouvinte/leitor mais atento à interpretação arquetípica psicológica (ou psicanalista) certamente se encantará com as camadas interpretativas da versão apresentada para o relato do ciúme que envolve Obá e Oxum em relação ao marido, Xangô.

Os elementos falam por si: Oxum simula cortar as duas orelhas para agradar ao marido; Obá, apenas uma. O ciúme, como forma de apego, é uma demonstração de afeto distorcida unilateral, embora, geralmente, se reproduza no outro, simbioticamente, pela lei de atração dos semelhantes, segundo a qual não há verdugo e vítima, mas cúmplices, muitas vezes inconscientes.

A porção mutilada do ser é a orelha, que na abordagem holística, associa-se ao órgão sexual feminino, ao aspecto do côncavo, e não do convexo. Aliás, *auricula* (*orelha*, em latim) significa, literalmente, *pequena vagina*. O fato de não haver relação direta entre latim e iorubá apenas reforça que o inconsciente coletivo e a sabedoria ancestral são comuns a todos e independem de tempo e espaço.

Na definição de Nei Lopes, oriki é: "Espécie de salmo ou cântico de louvor da tradição iorubá, usualmente declamado ao ritmo de um tambor, composto para ressaltar atributos e realizações de um orixá, um indivíduo, uma família ou uma cidade.".

Enquanto gênero, o oriki é constantemente trazido da oralitura para a literatura, sofrendo diversas alterações. Uma delas é o chamado orikai, termo cunhado por Arnaldo Xavier, citado por Antonio Risério:

> [...] para haicai (Poema de origem japonesa com características próprias, porém também com uma série de adaptações formais específicas à poesia de cada país.) que se apresente com oriki (Especialmente no que tange ao louvor e à ressignificação de atributos dos Orixás.).

Na Umbanda, os pontos cantados são alguns dos responsáveis pela manutenção da vibração das giras e de outros trabalhos. Verdadeiros mantras, mobilizam forças da natureza, atraem determinadas vibrações, Orixás, Guias e Entidades.

Com diversidade, o ponto cantado impregna o ambiente de determinadas energias enquanto o libera de outras finalidades, representa imagens e traduz sentimentos ligados a cada vibração, variando de Orixá para Orixá, Linha para Linha, circunstância para circunstância etc. Aliado ao toque e às palmas, o ponto cantado é um fundamento bastante importante na Umbanda e em seus rituais.

Em linhas gerais, dividem-se em pontos de raiz, trazidos pela Espiritualidade, e terrenos, elaborados por encarnados e apresentados à Espiritualidade, que os ratifica.

Há pontos cantados que migraram para a Música Popular Brasileira (MPB) e canções de MPB que são utilizadas como pontos cantados em muitos templos.

A seguir, exemplos de itãs, orikis, pontos cantados, canções e uma narrativa para crianças.

Mãs

Quando recebeu ordens de Olorum para criar o homem, Oxalá se utilizou, sem sucesso, de várias matérias-primas.

Tentou o ar, mas o homem se desfez rapidamente. Experimentou a madeira, mas o homem ficou muito duro. O mesmo, e com mais intensidade, aconteceu com a pedra. Com o fogo, nada feito, pois o homem se consumiu. Oxalá tentou outros elementos, como água e azeite.

Então Nanã, com seu ibiri, apontou para o fundo do lago e de lá retirou a lama que entregou a Oxalá para ele fazer o homem. Deu certo: o homem foi modelado de barro e, com o sopro de Olorum, ganhou vida.

Quando morre, o corpo físico do homem retorna a terra, de onde veio por empréstimo de Nanã.

Nanã, a força do feminino como coparticipante da criação do homem. *Animus* e *anima* **integrados. Observe-se o paralelismo com o texto bíblico do Gênesis (tradição hebraico-cristã):**

"O Senhor Deus modelou o homem com o pó apanhado do solo." (2, 7).

"Do suor do teu rosto comerás o pão, até voltares ao solo, pois dele foste tirado. Sim, és pó e ao pó voltarás." (3, 19).

Nanã teve dois filhos, Oxumaré e Omulu.

Oxumaré era lindo, Omulu era feio.

Então, Nanã cobriu Omulu com palhas para que não fosse visto e ninguém risse dele.

Quanto a Oxumaré, que tinha a beleza do homem, da mulher e das cores, Nanã o elevou até o céu e aí o pregou, onde pode ser admirado em suas cores, quando o arco-íris vem com a chuva.

No fundo, os dois filhos passaram a viver solitariamente e longe da mãe. A partir do itã, pode-se refletir sobre a noção entre "criar os filhos para o mundo" ou superprotegê-los.

Nanã e Ogum eram rivais.

Ogum: senhor do ferro, do aço, dos metais. Sem ele, não havia sacrifícios. Por isso era sempre louvado, lembrado antes de os Orixás comerem, antes dos sacrifícios rituais.

Irritada com o devotamento a Ogum, Nanã afirmou que não precisaria mais dele. Ogum perguntou como comeria sem faca. Nanã decretou que os sacrifícios a ela seriam feitos sem faca e, portanto, sem a necessidade de se pedir licença a Ogum.

Passado e presente digladiam. Tecnologia e mudanças. A metalurgia se sobrepondo às eras em que o ferro não era de todo conhecido ou utilizado.

Oriki

O oriki abaixo (ou fragmento) foi coletado e traduzido por Pierre Verger.

Proprietária de um cajado.
Salpicada de vermelho, sua roupa parece coberta de sangue.
Orixá que obriga os fon a falar nagô.
Minha mãe era inicialmente da região bariba.
Água parada que mata de repente.
Ela mata uma cabra sem utilizar a faca.

O oriki apresenta alguns aspectos da migração histórica do culto a Nanã bem como a respeito da particularidade da não utilização da faca de metal.

Pontos cantados

São flores, Nanã, são flores
São flores Nanã Buruquê
São flores, Nanã, são flores
De meu Pai Obaluaê (2X)
Na hora da agonia
É ele quem vem nos valer
É seu filho, Nanã, é meu pai, Nanã
Ele é Obaluaê (2X)
Oh, Nanã Adjaosi, olha eu
Oh, Nanã Adjaosi, olha eu
Oh, Nanã, o que pedir
Você me dá
Oh, Nanã o que eu pedir
Você me dá

Em ambos os pontos Nanã aparece associada a Obaluaê (Adjaosi é uma qualidade de Nanã que caminha com Omulu).

MPB

Cordeiro de Nanã
(Mateus Aleluia)

Fui chamado de cordeiro mais não sou cordeiro não
Preferir ficar calado que falar e levar não
O meu silêncio é uma singela oração a minha santa de fé

Meu cantar vibram as forças que sustentam meu viver
Meu cantar é um apelo que eu faço a nanã ê

SOU DE NANÃ Ê UÁ Ê UÁ Ê UÁ Ê
SOU DE NANÃ Ê UÁ Ê UÁ Ê UÁ Ê
SOU DE NANÃ Ê UÁ Ê UÁ Ê UÁ Ê

O que peço no momento é silêncio e atenção
Quero contar sofrimento que passamos sem razão
O meu lamento se criou na escravidão que forçado passei

Eu chorei sofri as duras dores da humilhação
Mas ganhei pois eu trazia Nanã ê no coração

SOU DE NANÃ Ê UÁ Ê UÁ Ê UÁ Ê
SOU DE NANÃ Ê UÁ Ê UÁ Ê UÁ Ê
SOU DE NANÃ Ê UÁ Ê UÁ Ê UÁ Ê

A paciência e a sabedoria de Nanã orientam a voz poética, segundo seu relato.

Ponto de Nanã
(Roque Ferreira)

Oxumarê me deu dois barajás
Na festa de Nanã Burukô
A velha deusa das águas
Quer mungunzá[10]

Seu ibiri enfeitado com fitas e búzios
Um ponto pra assentar
Mandou cantar
Ê salubá!

---

10. Prato à base de milho branco. Espécie de mingau.

Ela vem no som da chuva
Dançando devagar seu ijexá
Senhora da Candelária, abá
Pra toda a sua nação iorubá

Embora a canção seja dedicada a Nanã, é interessante notar a presença de Oxumaré, a distribuir Axé por meio do presente oferecido ao eu-lírico: os dois barajás ou brajás.

O fato de a canção, gravada por diversos ícones da MPB, se chamar "Ponto de Nanã" é bastante significativo para corroborar a simbiose entre pontos cantados e MPB, em mão dupla, conforme visto acima.

Nanã para crianças

Nanã é a avó a quem tomos tomam a bênção. É a matriarca doce e firme que protege filhos e netos. Velhinha bastante animada, adora dançar, com seus passos lentos. Como seu ritmo é mais suave, Nanã gosta de viver mais recolhida, onde houver águas paradas, em águas profundas, nos lagos e nos pântanos, por exemplo. Também pode ser vista passeando nos cemitérios, como a lembrar a todos nós que nossos corpos um dia vão se juntar a terra, ao pó, à lama.

Carrega sempre consigo o ibiri, uma espécie de feixe de ramos de folhas de palmeiras, com a ponta recurvada e enfeitado com búzios. Com ele nos braços, como a embalar um bebê, Nanã faz sua coreografia, em especial na chuva e na garoa: é uma avozinha radical!

Anda sempre arrumadinha, alinhada, não gosta de sujeira ou bagunça. Sua cor preferida é o roxo, ou mesmo o lilás.

Gosta muito de receber flores com essas cores. Não dispensa um bom prato: aberum (milho torrado e pilado), feijão-preto com purê de batata doce e, de sobremesa, mungunzá (canjica).

Os mais velhos contam que, quando recebeu ordens de Olorum (Deus Supremo) para criar o homem, Oxalá (Pai Maior dos Orixás) se utilizou, sem sucesso, de várias matérias-primas. Tentou o ar, mas o homem se desfez rapidamente. Experimentou a madeira, mas o homem ficou muito duro. O mesmo, e com mais intensidade, aconteceu com a pedra. Com o fogo, nada feito, pois o homem se consumiu. Oxalá tentou outros elementos, como água e azeite. Nada funcionava. Então Nanã, com seu ibiri, apontou para o fundo do lago e de lá retirou a lama que entregou a Oxalá para ele fazer o homem. Deu certo: o homem foi modelado de barro e, com o sopro de Olorum, ganhou vida. Por isso, quando morre, o corpo físico do ser humano retorna à terra de onde veio por empréstimo de Nanã, aquela que passeia pelos cemitérios.

Assim é Nanã, essa matriarca.

Orações

Na oração, mais importantes que as palavras são a fé e o sentimento. Entretanto, as palavras têm força e servem como apoio para expressar devoção, alegria, angústias etc.

Vale lembrar que, tanto na letra (palavras) quanto no espírito (motivação, sentimento), JAMAIS uma prece deve ferir o livre-arbítrio de outrem.

Ademais, ao orar, deve-se também abrir o coração para ouvir as respostas e os caminhos enviados pela Espiritualidade de várias maneiras, durante a própria prece, e ao longo de inúmeros momentos e oportunidades ao longo do dia e da caminhada evolutiva de cada um.

No tocante às orações católicas, as mesmas devem ser compreendidas no contexto dos dogmas e preceitos dessa religião, embora, quem faça uso das mesmas, nem sempre se valha dos conceitos ao pé da letra.

Prece a Nanã Buruquê
(Recolhida por Ernesto Santana)

Mãe protetora de todos nós,
Senhora das águas opulentas,
Deusa das chuvas benévolas,
Deixa cair sobre nós a chuva divina

Da tua bondade fecunda e infinita.
Salubá, Nanã Buruquê.
Purifica com tuas forças nossa atmosfera,
Para que possamos ser envolvidos
Pelos teus olhos maravilhosos.
Salubá, Nanã Buruquê... Salubá...

Oração a Sant´Ana
(Recolhida por José Carlos Santos)

Senhor, Deus de nossos pais, que concedestes a Santa Ana a graça de dar a vida à mãe de vosso filho Jesus, olhai por todas as famílias que lutam para sobreviver e que se encontram em grandes dificuldades de relacionamento.

Que os lares sejam lugares abençoados e plenos de acolhimento e de compreensão.

Santa Ana, nossa padroeira, olhai para as crianças, acompanhai os adolescentes e jovens, amparai os idosos e doentes de nossa sociedade.

Que todas as pessoas possam contar sempre com as bênçãos de vossa proteção.

Santa Ana, eu ainda vos peço (fazer o pedido); neste dia dai-me a graça que tanto necessito.

Santa Ana, rogai por nós!
Amém!

Oração a Sant'Ana
(Recolhida por Equipe Ache Oração)

Senhora Sant'Ana, fostes chamada por Deus a colaborar na salvação do mundo. Seguindo os caminhos da Providência Divina, recebeste São Joaquim por Esposo.

Deste vosso matrimônio, vivido em santidade, nasceu Maria Santíssima, que seria a Mãe de Jesus Cristo.

Formando Vós família tão santa, confiantes nós vos pedimos por esta nossa família. Alcançai-nos a todos as graças de Deus: aos PAIS deste lar, que vivam na santidade do matrimônio e formem seus filhos segundo o Evangelho; aos FILHOS desta casa, que cresçam em sabedoria, graça e santidade e encontrem a vocação a que Deus os chamou.

E a TODOS nós, Pais e Filhos, alcançai-nos a alegria de viver fielmente na Igreja de Cristo, guiados sempre pelo Espírito Santo, para que um dia, após as alegrias e sofrimentos desta vida, mereçamos também nós chegar à casa do Pai, onde vos possamos encontrar, para junto sermos eternamente felizes, no Cristo, pelo Espírito Santo.

Amém.

Novena a Santa Ana

Oh! Gloriosa Santa Ana, tenha piedade daqueles que a invocam e preenche com seu amor aqueles que sofrem, carregados de tristezas, com o peso de nossas preocupações.

Nós nos lançamos a seus pés e humildemente lhe suplicamos de tornar viável o pedido que colocamos sobre sua especial proteção (...)

Por favor, entregue-o à sua filha, a Abençoada Virgem Maria, e coloque-o diante do trono de Jesus, para que Ele possa conduzi-lo a um final feliz.

Por favor, continue a interceder por nós, até que nosso pedido seja alcançado.

Acima de tudo, alcance-nos a graça de um dia presenciarmos Deus face a face e com você e Maria e todos os Santos orando e abençoando (...) por toda a eternidade. Amém

Rezar a seguinte oração três vezes:
Querida Santa Ana, mãe daquela que é nossa vida, nossa doçura e nossa esperança, rogai a Ela por nós e realize nosso pedido.
Querida Santa Ana, rogai por nós!
Querido São Joaquim, rogai por nós!

O corte

Ogum é o Senhor da Faca. Como o corte (sacrifício ritual) é fundamento no Candomblé e há casas de Umbanda que também o praticam e pelo fato de o culto a Nanã (e, consequentemente, o corte), conforme visto não ser feito com objetos de metal, segue uma breve reflexão a respeito do corte.

Na Umbanda, em cuja fundamentação não existe o corte, embora diversas casas dele se utilizem, por influência dos Cultos de Nação, os elementos animais, quando utilizados (há casas que não os utilizam nem mesmo nas chamadas entregas aos Orixás), crus ou preparados na cozinha, provêm diretamente dos açougues.

No primeiro caso, usam-se, por exemplo, língua de vaca, sebo de carneiro (por vezes confundido com e/ou substituído por manteiga de carité), miúdos etc.

No segundo, nas palavras de Rubens Saraceni,

> [...] Mas só se dá o que se come em casa e no dia a dia. Portanto, não há nada de errado porque a razão de ter de colocar um prato com alguma comida 'caseira' se justifica na cura de doenças intratáveis pela medicina tradicional, causadas por eguns e por algumas forças negativas da natureza. (...) Observem que mesmo os Exus da Umbanda só pedem em suas oferendas partes de aves e de animais

adquiridos do comércio regular, porque já foram resfriados e tiveram decantadas suas energias vitais (vivas), só lhes restando proteínas, lipídios etc., que são matéria.

Os animais criados em terreiros de Candomblé para o corte são muito mais bem cuidados e respeitados do que aqueles criados enjaulados, com alimentação inadequada para engordar etc. O animal, para o corte, não pode sofrer. Algumas partes são utilizadas para rituais, as demais são consumidas como alimento pela comunidade e pelo entorno.

Há casas de Candomblé que não cortam, cortam pouco ou se utilizam, como na Umbanda, de elementos animais comprados no comércio (algumas casas de Ketu com esse procedimentos são chamadas de Ketu frio em contraposição às de Ketu quente, ou seja, as que cortam).

Todas as casas sérias precisam ser respeitadas, pois seus fundamentos são estabelecidos com a Espiritualidade, adaptados ou não. Fundamento é fundamento, diferente de modismos. Por outro lado, há casas que cortam demais, que se vangloriam do número de animais cortados. Contudo, não é a quantidade que faz uma ceia sagrada e comunal saborosa, mas a qualidade do alimento, o preparo com amor etc.

Nesse contexto, despontou o chamado Candomblé Vegetariano, modalidade com fundamentos adaptados para o vegetarianismo capitaneada por Iya Senzaruban (Ile Iya Tunde). Difere do chamado Ketu frio (onde se utilizam elementos animais, mas sem o corte).

Embora diversas casas, ao longo de sua história, tenham extinguido o corte de seus fundamentos, a casa de Iya Senzaruban e as de seus filhos ganharam notoriedade, inclusive pelo número de críticas feitas pela parcela do Povo de Santo que se posiciona totalmente contrária à abolição do corte no Candomblé.

Com relação ao corte, diálogo, respeito e compreensão são fundamentais para que todos se sintam irmanados, cada qual com sua individualidade e seus fundamentos. Diferenças não precisam ser necessariamente divergências.

Além do sangue propriamente dito (ejé, menga, axorô), importante no Candomblé para a movimentação do Axé, há outros elementos também conhecidos como sangue (vermelho, branco e preto), associados aos reinos animal, vegetal e mineral. Todos são importantíssimos condensadores energéticos, o que não significa que todos sejam usados no dia a dia dos terreiros.

É importante perceber que estão em toda parte, nos chamados três reinos, movimentando Axé.

Sangue Vermelho

Reino animal	Sangue propriamente dito.
Reino vegetal	Epô (óleo de dendê), determinados vegetais, legumes e grãos, osun (pó vermelho), mel (sangue das flores) etc.
Reino mineral	Cobre, bronze, otás (pedras) etc.

Sangue Branco

Reino animal	Sêmen, saliva, hálito plasma (em especial do ibi, tipo de caracol) etc.
Reino vegetal	Seiva, sumo, yierosun (pó claro), determinados vegetais, legumes e grãos etc.
Reino mineral	Sais, giz, prata, chumbo, otás etc.

Sangue Preto

Reino animal	Cinzas de animais.
Reino vegetal	Sumo escuro de determinadas plantas, waji (pó azul), carvão vegetal, determinados vegetais, legumes, grãos, frutos e raízes etc.
Reino mineral	Carvão, ferro, otás, areia, barro, terra etc.

Para legitimar a não utilização do corte na Umbanda, Miriam de Oxalá se vale dos estudos e de citação de Fernandez Portugal. Para a autora,

> [...] vale a pena citar de Fernandez Portugal, renomado escritor africanista, em seu livro Rezas-Folhas-Chás e Rituais dos Orixás, publicado pela Ediouro, o item 'Ossaiyn, O Senhor das Folhas': 'Segundo a tradição yorubá, sem ejé e sem folhas não há culto ao Orixá, mas pode-se iniciar um Orixá apenas utilizando-se folhas, pois existem folhas que substituem o Ejé." O grifo é nosso e tais conceitos são, para nós umbandistas, bem conhecidos.

Observe-se, noutro contexto, como ecoam tanto as palavras de Portugal quanto as de Miriam de Oxalá. Para Orlando J. Santos,

> Para se fazer um EBÓ 'tudo que a boca come' é preciso ter esgotado todas as possibilidades de resolver o caso a partir das ervas: akasá, obi, orobô etc. Sabemos que obi, orobô e certas folhas, quando oferecidos aos Orixás dentro do ritual, valem por um frango, cabrito, carneiro. Portanto, em muitos casos, substitui o EJÉ, 'sangue animal'.

No Candomblé, por sua vez e ao contrário do que sustenta o senso comum, o qual associa a religião à "baixa magia", prefere-se a criação própria, mais integrada e ecológica.

A respeito do aproveitamento do elemento animal em rituais e no cotidiano do Ilê, Iya Omindarewa afirma:

> *Uma parte é oferecida ao Orixá, fica aos seus pés até o dia seguinte e depois é dividida entre as pessoas da comunidade. Essa carne é cozida e preparada num ritual muito absoluto, e é totalmente aproveitada. O restante é para alimentar o povo da festa, gente da casa e os vizinhos. Tem um sentido, nada é feito à toa. É oferecida ao animal uma folha; se ele não comer não será sacrificado, pois não foi aceito pelo Orixá.*

Mãe Stella de Oxóssi, quando perguntada se o século XXI corresponderia ao fim do uso de animais em rituais do Candomblé, responde:

> *Mas neste século XXI o que mais tem é churrascaria! Matam-se o boi, a galinha e o carneiro para comermos. Só porque usamos animais em nossos rituais, ficam falando que deve acabar. O animal mais bem aproveitado é aquele que é morto nos rituais de Candomblé, porque se aproveita tudo: a carne, que alimenta muita gente, o couro [...].*

Em síntese, nos rituais, o corte no Candomblé está associado à ceia comunal: come o Orixá e comem fiéis e convidados do mesmo prato. A base desse fundamento é a utilização do sangue (ejé, menga, axorô) para a movimentação do Axé, o que, aliás, não ocorre apenas em situações de ceia comunal, mas também em ebós, quando apenas os Orixás ou entidades comem.

Nas palavras de Iya Omindarewa,

Está na cabeça da gente que não se pode fazer o sacrifício, pegar energia de uma coisa viva e passar para outra. Admite-se comer um bom bife, uma galinha ou porco para alimentar o corpo. Mas não se admite captar a energia dos animais, das folhas, da Natureza toda para fortalecer sua cabeça. Isso não faz sentido; vamos andar descalços porque não se pode usar o couro? Não vamos comer folhas, milho, carne porque são da Natureza? E como o ser humano vai viver? A vida não é uma luta? Pega-se uma coisa pela outra e depois não retorna tudo para a terra? Isso tudo é uma grande bobagem. O sacrifício significa dar ao Orixá uma certa energia que ele devolve em troca. Tudo depende das ocasiões; não é durante toda a vida que vamos matar bichos, mas em grandes momentos, como nas Feituras, quando é necessário.

Anexo

Assim como Exus e Pombogiras são bastante injustiçados, o mesmo ocorre com Zé Pelintra, que, como diz um de seus pontos cantados, trabalha na Direita ou na Esquerda.

Infelizmente, há lugares onde espíritos zombeteiros são chamados de Zé Pelintra.

A fim de ao menos dirimir essa injustiça, transcrevemos abaixo uma crônica do livro *A Bandeira de Oxalá – pelos caminhos da Umbanda* (pp. 43-46).

Palavras de Doutor

Me chamam de Malandro, mas o que é ser Malandro? É beber até cair, ter um monte de mulheres e, na verdade, não ter nenhuma, roubar até ser pego? Não, não é dessa Malandragem que Seu Zé é feito. Encarnado, tive muitas experiências como vocês, positivas e negativas. Em espírito ("morto", se quiserem), procuro com alegria levar todos ao caminho da felicidade, o qual só pode ser trilhado por cada um. Não vai ser Seu Zé que vai caminhar por vocês.

A vida precisa ser trilhada com sabedoria. Malandragem é saber dançar conforme as possibilidades e sem perder o passo, é jogar capoeira e aprender a cair para não cair, é não perder tempo com besteira, com supérfluo, com suposições e aproveitar cada instante, fazendo comungar o corpo e o espírito. Isso é Malandragem. Malandro não tira nada de ninguém, mas está por perto quando a fruta mais doce cai, quando a flor mais linda brota, quando o vento melhor passa, quando a chuva mais refrescante desce do céu. Malandragem é estar no aqui e agora, sem se deixar escravizar.

Seu Zé, dizem, é Advogado dos Pobres. Eu não pego causa para perder. Eu brigo para ganhar. Então não me venham pedir aquilo que Deus, Nosso Pai Oxalá/o Senhor do Bonfim e, claro, Xangô sabem que não é justo porque eu não vou nem perder meu tempo. Vocês acham que enganam a quem? A mim é que não é. Muito menos a Deus, Oxalá, Xangô e à Banda de cada um.

Pensam que ser Malandro é ser vagabundo? Quem pensa assim não espere que Seu Zé vai advogar nem me chame de Doutor. Malandro trabalha, e muito, mas sabe trabalhar, e trabalha direito. Em muitas casas Seu Zé vem na Linha da Bahia. O povo baiano, na terra, é muito discriminado e chamado de folgado, muitas vezes pelo turista que pula carnaval não sei quantos dias enquanto tantos baianos, lá em Salvador, trabalham para que possam se divertir. E na Bahia não tem cozinheira, prédio, motorista, varreção de rua? Na Espiritualidade, Baiano também trabalha muito, mas, repito com sabedoria. Vocês conhecem aquele ponto "Baiano bom, baiano bom/baiano bom é o que sabe trabalhar//Baiano bom é o que sobe no coqueiro/tira coco, bebe a água/e bota o coco no lugar".

Vocês acham que alguém ensina Baiano a trabalhar? Quem quiser ensinar é porque não está trabalhando em seu favor e fica olhando a colheita do próximo.

Malandragem é não se expor. Malandro não entrega o ouro nem o exibe para o ladrão. Quanta gente perde tempo com papagaiada, com maledicência, com ações obscuras e pensa que expõe os outros. Expõe é a própria falta de caráter, de amor-próprio, de felicidade. Malandro não se acha esperto. Ou é sábio ou não é, não tem meio termo. Como na capoeira, prepara a queda, quando sabe que vai cair. E se levanta. Seu Zé não usa bengala porque não sabe andar. Seu Zé usa bengala para tatear onde não é besta de tocar com as mãos ou pisar. Claro que a bengala tem outras funções, inclusive numa gira, mas sei que vocês entenderam.

Ser Doutor não é distinção, mas serviço. Não adianta ter o título e não ter a postura de Doutor, perder aquilo que está sob sua responsabilidade. Não é o título que importa, e sim as atitudes. O título não torna ninguém melhor, as atitudes sim, mas não melhor do que os outros, e sim melhor do que se era ontem, o melhor de si mesmo. Isso é evolução. De que vale o tamanho do coco se não tem água, a carne é seca e dura e se cai na cabeça de quem tenta tirá-lo do pé?

Se Seu Zé é respeitado na Direita e na Esquerda como diz aquele outro ponto (hoje Seu Zé está trabalhando tanto que está até cantando no lugar da curimba) "Eu me chamo Zé Pelintra, nego do pé esfarrapado//na Direita ou na Esquerda, seu serviço é aprovado." é porque o trabalho do

Seu Zé se faz respeitar. Isso é ser Malandro. Só não sei porque as pessoas têm de se incomodar com os pés do Seu Zé, se são assim, se são assado. Mas isso deve ser porque antigamente os negros pobres, escravos ou descendentes, andavam descalços, deformavam os pés e não conseguiam calçar os sapatos quando acabavam conhecendo sapatos.

A vida tem explicação, a Espiritualidade tem explicação e muita lógica, mas nem tudo se compreende, ou melhor, só se compreende aquilo para o qual se está preparado, conforme as possibilidades de cada etapa evolutiva. Na carne, uma compreensão, no espírito, outra, de acordo com os degraus, as vivências. Por isso vocês também cantam "Seu Zé Pelintra, onde é que o senhor mora/Seu Zé Pelintra, onde é sua morada//Eu não posso lhe dizer, porque você não vai me compreender/Eu nasci no Juremá/minha morada é bem pertinho de Oxalá".

Depois dizem que Baiano não trabalha... Seu Zé já trabalhou, cantou, dançou, falou. Fiquem na fé de Oxalá, que Nosso Senhor do Bonfim traga a cada um aquilo que se espera e pelo qual se trabalha com fé, devoção e amor, conforme o merecimento. Ajam com sabedoria, não por impulso. Fiquem na fé de Oxalá, que Seu Zé vai na fé dele.

Legislação

Como visto, a Umbanda, oficialmente, nasce do brado de um Caboclo, o Caboclo das Sete Encruzilhadas.

Em memória a esse fato, vejam-se alguns importantes marcos legais para o respeito à liberdade de culto das religiões de matriz africana:

- Constituição Federal de 1988 – artigos 3º, 4º, 5º, 215 e 216;
- Lei 9.459, de 13 de maio de 1997 (injúria racial);
- Lei 10.639, de 09 de janeiro de 2003 (Obrigatoriedade da inclusão da temática História e Cultura Afro-brasileira no currículo oficial da rede de ensino.);
- Lei 10.678, de 23 de maio de 2003 (Cria a Secretaria de Políticas de Promoção da Igualdade Racial.);
- Decreto 4.886, de 20 de novembro de 2003 (Instituição da Política Nacional de Promoção da Igualdade Racial.);
- Decreto 5.051, de 19 de abril de 2004 (Promulgação da Convenção 169 da Organização Internacional do Trabalho.);

- Resolução número 1, de 17 de junho de 2004, do Conselho Nacional de Educação (Diretrizes curriculares para educação das relações étnico-raciais e para o ensino de história e cultura afro-brasileira e africana.);
- Decreto 6.040, de 07 de fevereiro de 2007 (Instituição da Política Nacional de Desenvolvimento Sustentável dos Povos e Comunidades Tradicionais.);
- Decreto 6.177, de 1º de agosto de 2007 (Promulga a Convenção sobre a Proteção e Promoção da Diversidade das Expressões Culturais da Organização das Nações Unidas para a Educação, a Ciência e a Cultura – UNESCO.);
- Portaria 992, de 13 de maio de 2009 (Instituição da Política Nacional de Saúde Integral da População Negra.);
- Decreto 6.872, de 04 de junho de 2009 (Instituição do Plano Nacional de Promoção da Igualdade Racial.);
- Lei 12.288, de 20 de julho de 2010 (Estatuto da Igualdade Racial);
- Decreto 7.271, de 25 de agosto de 2010 (Diretrizes e objetivos da Política Nacional de Segurança Alimentar e Nutricional.).
- No dia 16 de maio de 2012 foi instituído pela presidenta Dilma Rousseff o dia Nacional da Umbanda (Lei 12.644). O projeto original é do deputado federal Carlos Santana (PL 5.687/2005). A data celebra as comunicações do Caboclo das Sete Encruzilhadas, por meio de Zélio Fernandino de Moraes, numa sessão

espírita, quando o referido Caboclo anunciou sua missão seria estabelecer um culto em que espíritos de negros e índios pudessem trabalhar conforme as diretrizes do Astral. Mesmo antes da instituição da lei federal, diversas cidades brasileiras, amparadas por leis municipais, já comemoravam oficialmente a data.

Bibliografia

Livros

AFLALO, Fred. *Candomblé: uma visão do mundo*. São Paulo: Mandarim, 1996. 2 ed.

BARBOSA JÚNIOR, Ademir. *A Bandeira de Oxalá – pelos caminhos da Umbanda*. São Paulo: Nova Senda, 2013.

_____. *Curso essencial de Umbanda*. São Paulo: Universo dos Livros, 2011.

_____. *O essencial do Candomblé*. São Paulo: Universo dos Livros, 2011.

_____. *Guia prático de plantas medicinais*. São Paulo: Universo dos Livros, 2005.

_____. *Mitologia dos Orixás: lições e aprendizados*. São Bernardo do Campo: Anúbis, 2014.

_____. *Nanã*. São Bernardo do Campo: Anúbis, 2014.

_____. *Novo Dicionário de Umbanda*. São Paulo: Nova Senda, 2014.

_____. *Obaluaê*. São Bernardo do Campo: Anúbis, 2014.

_____. *Oxumaré*. São Bernardo do Campo: Anúbis, 2014.

_____. *Para conhecer a Umbanda*. São Paulo: Universo dos Livros, 2013.

_____ . *Para conhecer o Candomblé*. São Paulo: Universo dos Livros, 2013.

_____ . *Reiki: A Energia do Amor*. São Paulo: Nova Senda, 2014.

_____ . *Transforme sua vida com a Numerologia*. São Paulo: Universo dos Livros, 2006.

_____ . *Umbanda – um caminho para a Espiritualidade*. São Bernardo do Campo: Anúbis, 2014.

_____ . *Xangô*. São Paulo: Universo dos Livros, 2013.

_____ . *Xirê: orikais – canto de amor aos orixás*. Piracicaba: Editora Sotaque Limão Doce, 2010.

BARCELLOS, Mario Cesar. *Os Orixás e a personalidade humana*. Rio de Janeiro: Pallas, 2007. 4 ed.

BORDA, Inivio da Silva et al. (org.). *Apostila de Umbanda*. São Vicente: Cantinho dos Orixás, s/d.

CABOCLO OGUM DA LUZ (Espírito). *Ilê Axé Umbanda*. São Bernardo do Campo: Anúbis, 2011. Psicografado por Evandro Mendonça.

CACCIATORE, Olga Gudolle. *Dicionário de Cultos Afro-brasileiros*. Rio de Janeiro: Forense Universitária, 1977.

CAMARGO, Adriano. *Rituais com ervas: banhos, defumações e benzimentos*. Rio de Janeiro: Livre Expressão, 2013. 2 ed.

CAMPOS JR., João de. *As religiões afro-brasileiras: diálogo possível com o cristianismo*. São Paulo: Editora Salesiana Dom Bosco, 1998.

CARYBÉ. *Iconografia dos deuses africanos no Candomblé da Bahia*. São Paulo: Editora Raízes, 1980. (Com textos de Jorge Amado, Pierre Verger e Valdeloir Rego.)

CHEVALIER, Jean e GHEERBRANT, Alain (orgs.). *Dicionário de símbolos*. Rio de Janeiro: José Olympio, 2008. Tradução: Vera da Costa e Silva et al. 22 ed.

CIPRIANO DO CRUZEIRO DAS ALMAS (Espírito). *O Preto Velho Mago: conduzindo uma jornada evolutiva*. São Paulo: Madras, 2014. Psicografado por André Cozta.

CONGO, Pai Thomé do (Espírito). *Relatos umbandistas*. São Paulo: Madras, 2013. Anotações por André Cozta.)

CORRAL, Janaína Azevedo. *As Sete Linhas da Umbanda*. São Paulo: Universo dos Livros, 2010.

_____. *Tudo o que você precisa saber sobre Umbanda* (volumes 1, 2 e 3). São Paulo: Universo dos Livros, 2010.

FAUR, Mirella. *Mistérios nórdicos: deuses, runas, magias, rituais*. São Paulo: Pensamento, 2007.

FERAUDY, Roger. (Obra mediúnica orientada por Babajiananda/PaiTomé.) *Umbanda, essa desconhecida*. Limeira: Editora do Conhecimento, 2006. 5 ed.

D´IANSÃ, Eulina. *Reza forte*. Rio de Janeiro: Pallas, 2008. 4 ed.

LEONEL (Espírito) e Mônica de Castro (médium). *Jurema das Matas*. São Paulo: Vida & Consciência, 2011.

LIMAS, Luís Filipe de. *Oxum: a mãe da água doce*. Rio de Janeiro: Pallas, 2007.

LINARES, Ronaldo (org.). *Iniciação à Umbanda*. São Paulo: Madras, 2008.

_____. *Jogo de Búzios*. São Paulo: Madras, 2007.

LOPES, Nei. *Enciclopédia brasileira da Diáspora Africana*. São Paulo: Selo Negro, 2004.

LOURENÇO, Eduardo Augusto. *Pineal, a glândula da vida espiritual – as novas descobertas científicas*. Limeira: Editora do Conhecimento, 2010.

MAGGIE, Yvonne. *Guerra de Orixá: um estudo de ritual e conflito*. Rio de Janeiro: Jorge Zahar Editor, 2001. 3 ed.

MALOSSINI, Andrea. *Dizionario dei Santi Patroni*. Milano: Garzanti, 1995.

MARTÍ, Agenor. *Meus oráculos divinos: revelações de uma sibila afrocubana*. Rio de Janeiro: Bertrand Brasil, 1994. (Tradução de Rosemary Moraes.)

MARTINS, Cléo. *Euá*. Rio de Janeiro: Pallas, 2001.

_____. *Nanã*. Rio de Janeiro: Pallas, 2001.

MARTINS, Giovani. *Umbanda de Almas e Angola*. São Paulo: Ícone, 2011.

_____. *Umbanda e Meio Ambiente*. São Paulo: Ícone, 2014.

MARSICANO, Alberto e VIEIRA, Lurdes de Campos. *A Linha do Oriente na Umbanda*. São Paulo: Madras, 2009.

MOURA, Carlos Eugênio M. de (org). *Candomblé: religião do corpo e da alma*. Rio de Janeiro: Pallas, 2000.

_____. *Culto aos Orixás, Voduns e Ancestrais nas Religiões Afro-brasileiras*. Rio de Janeiro: Pallas, 2006.

MUNANGA, Kabengelê e GOMES, Nilma Lino. *Para entender o negro no Brasil de hoje: história, realidades, problemas e caminhos*. São Paulo: Global: Ação Educativa Assessoria, Pesquisa e Informação, 2004.

NAPOLEÃO, Eduardo. *Yorùbá – para entender a linguagem dos orixás*. Rio de Janeiro: Pallas, 2010.

NASCIMENTO, Elídio Mendes do. *Os poderes infinitos da Umbanda*. São Paulo: Rumo, 1993.

NEGRÃO, Lísias. *Entre a cruz e a encruzilhada*. São Paulo: Edusp, 1996.

OMOLUBÁ. *Maria Molambo na sombra e na luz*. São Paulo: Cristális, 2002. 10 ed.

ORPHANAKE, J. Edson. *Os Pretos-Velhos*. São Paulo: Pindorama, 1994.

OXALÁ, Miriam de. *Umbanda: crença, saber e prática*. Rio de Janeiro: Pallas, 2007. 2 ed.

PARANHOS, Roger Bottini (Ditado pelo espírito Hermes.). *Universalismo crístico*. Limeira: Editora do Conhecimento, 2007.

PIACENTE, Joice (médium). *Dama da Noite*. São Paulo: Madras, 2013.

_____. *Sou Exu! Eu sou a Luz*. São Paulo: Madras, 2013.

PINTO, Altair. *Dicionário de Umbanda*. Rio de Janeiro: Livraria Editora Eco, 1971.

PIRES, Edir. *A Missionária*. Capivari: Editora EME, 2006.

PORTUGAL FILHO, Fernandez. *Magias e oferendas afro-brasileiras*. São Paulo: Madras, 2004.

PRANDI, Reginaldo. *Mitologia dos Orixás*. São Paulo: Companhia das Letras, 2001.

RAMATÍS (Espírito) e PEIXOTO, Norberto (médium). *Chama crística*. Limeira: Editora do Conhecimento, 2004. 3 ed.

_____. *Diário mediúnico*. Limeira: Editora do Conhecimento, 2009.

_____. *Evolução no Planeta Azul*. Limeira: Editora do Conhecimento, 2005. 2 ed.

_____. *Mediunidade e sacerdócio*. Limeira: Editora do Conhecimento, 2010.

_____. *A Missão da Umbanda*. Limeira: Editora do Conhecimento, 2006.

_____. *Umbanda de A a Z*. Limeira: Editora do Conhecimento, 2011. (Org.: Sidnei Carvalho.)

_____. *Umbanda pé no chão*. Limeira: Editora do Conhecimento, 2005.

_____. *Vozes de Aruanda*. Limeira: Editora do Conhecimento, 2005. 2 ed.

RIBEIRO, Darcy. *O povo brasileiro: a formação e o sentido do Brasil.* São Paulo: Companhia das Letras, 1995. 2 ed.

RISÉRIO, Antonio. *Oriki Orixá.* São Paulo: Perspectiva, 1996.

RUDANA, Sibyla. *Os mistérios de Sara: o retorno da Deusa pelas mãos dos ciganos.* São Paulo: Cristális, 2004.

SAMS, Jamie. *As cartas do caminho sagrado.* Rio de Janeiro: Rocco, 2003. (Tradução de Fabio Fernandes.)

SALES, Nívio Ramos. *Búzios: a fala dos Orixás.* Rio de Janeiro: Pallas, 2005. 2 ed.

SANTANA, Ernesto (Org.). *Orações umbandistas de todos os tempos.* Rio de Janeiro: Pallas, 2006. 4 ed.

SANTOS, Orlando J. *Orumilá e Exu.* Curitiba, Editora Independente, 1991.

SARACENI, Rubens. *Rituais umbandistas: oferendas, firmezas e assentamentos.* São Paulo: Madras, 2007.

SELJAN, Zora A. O. *Iemanjá: Mãe dos Orixás.* São Paulo: Editora Afro-brasileira, 1973.

SILVA, Carmen Oliveira da. *Memorial Mãe Menininha do Gantois.* Salvador: Ed. Omar G., 2010.

SILVA, Vagner Gonçalves da. *Candomblé e Umbanda: caminhos da devoção brasileira.* São Paulo: Ática, 1994.

SOUZA, Leal de. *O Espiritismo, A Magia e As Sete Linhas de Umbanda.* Limeira: Editora do Conhecimento, 2008. 2 ed.

_____. *Umbanda Sagrada.* São Paulo: Madras, 2006. 3 ed.

SOUZA, Marina de Mello. *África e Brasil Africano*. São Paulo: Ática, 2008.

SOUZA, Ortiz Belo de. *Umbanda na Umbanda*. São Paulo: Editora Portais de Libertação, 2012.

TAQUES, Ivoni Aguiar (Taques de Xangô). *Ilê-Ifé: de onde viemos*. Porto Alegre: Artha, 2008.

TAVARES, Ildásio. *Xangô*. Rio de Janeiro: Pallas, 2002. 2 ed.

VVAA. *Educação Ambiental e a Prática das Religiões de Matriz Africana*. Piracicaba, 2011. (cartilha)

VVAA. *Orientações e Ações para a Educação das Relações Étnico-Raciais*. Brasília: SECAD, 2006.

VVAA. *Plano Nacional de Desenvolvimento Sustentável dos Povos e Comunidades Tradicionais de Matriz Africana 2013-2015*. Brasília: Secretaria de Políticas de Promoção da Igualdade Racial, 2013.

VERGER, Pierre. *Orixás – deuses iorubás na África e no Novo Mundo*. Salvador: Corrupio, 2002. (Tradução de Maria Aparecida da Nóbrega.) 6 ed.

WADDELL, Helen (tradução). *Beasts and Saints*. London: Constable and Company Ltd., 1942.

Jornais e revistas

A sabedoria dos Orixás – volume I, s/d.

Folha de São Paulo, 15 de julho de 2011, p. E8.

Jornal de Piracicaba, 23 de janeiro de 2011, p. 03.

Revista Espiritual de Umbanda – número 02, s/d.

Revista Espiritual de Umbanda – Especial 03, s/d.

Revista Espiritual de Umbanda – número 11, s/d.

Sítios na internet

http://alaketu.com.br

http://aldeiadepedrapreta.blogspot.com

http://answers.yahoo.com

http://apeuumbanda.blogspot.com

http://babaninodeode.blogspot.com

http://catolicaliberal.com.br

http://centropaijoaodeangola.net

http://colegiodeumbanda.com.br

http://comunidadeponteparaaliberdade.blogspot.com.br

http://espaconovohorizonte.blogspot.com.br/p/aumbanda-umbanda-esoterica.html

http://eutratovocecura.blogspot.com.br

http://fogoprateado-matilda.blogspot.com.br

http://umbandadejesus.blogspot.com.br

http://fotolog.terra.com.br/axeolokitiefon

http://jimbarue.com.br

http://juntosnocandomble.blogspot.com

http://letras.com.br

http://luzdivinaespiritual.blogspot.com.br

http://mundoaruanda.com

http://ocandomble.wordpress.com

http://ogumexubaraxoroque.no.comunidades.net

http://okeaparamentos.no.comunidades.net

http://opurgatorio.com

http://orixasol.blogspot.com

http://oyatopeogumja.blogspot.com

http://povodearuanda.blogspot.com

http://povodearuanda.com.br

http://pt.fantasia.wikia.com
http://pt.wikipedia.org
http://religioesafroentrevistas.wordpress.com
http://templodeumbandaogum.no.comunidades.net
http://tuex.forumeiros.com
http://xango.sites.uol.com.br
http://www1.folha.uol.com.br
http://www.brasilescola.com
http://www.desvendandoaumbanda.com.br
http://www.dicio.com.br
http://www.genuinaumbanda.com.br
http://www.guardioesdaluz.com.br
http://www.igrejadesaojorge.com.br
http://www.ileode.com.br
http://www.kakongo.kit.net
http://www.maemartadeoba.com.br
http://www.oldreligion.com.br
http://www.oriaxe.com.br
http://www.orunmila.org.br
http://www.pescanordeste.com.br
http://www.priberam.pt
http://www.religiosidadepopular.uaivip.com.br
http://www.siteamigo.com/religiao
http://www.terreirodavobenedita.com
http://www.tuccaboclobeiramar.com.br

O autor

Ademir Barbosa Júnior (Dermes) é autor de diversos livros e revistas especializadas, idealizador e um dos coordenadores do Fórum Municipal das Religiões Afro-brasileiras de Piracicaba.

Mestre em Literatura Brasileira pela Universidade de São Paulo, onde também se graduou em Letras, é autor de diversos livros. Mestre em Reiki, é tarólogo e numerólogo.

Umbandista, é filho do Templo de Umbanda Caboclo Pena Branca e Mãe Nossa Senhora Aparecida, em Piracicaba (SP). Terapeuta holístico, ex-seminarista salesiano, com vivência em casas espíritas, participa amorosamente do diálogo ecumênico e inter-religioso e mantém uma coluna sobre Espiritualidade no sítio Mundo Aruanda.

Coordenador Cultural do "Projeto Tambores no Engenho", desenvolvido pela Federação de Umbanda e Candomblé Mãe Senhora Aparecida e pelo Templo de Umbanda Caboclo Pena Branca e Mãe Nossa Senhora Aparecida, acredita que a postura mais interessante na vida é a de aprendiz. É membro da 1ª gestão do Conselho de Participação e Desenvolvimento da Comunidade Negra de Piracicaba, tendo participado da comissão responsável pela implementação do mesmo. Produziu os curtas-metragens "Águas da Oxum" (Adjá Produções/fora de catálogo); "Mãe dos Nove Céus" (Bom Olhado Produções), "Mãe dos Peixes, Rainha do Mar" (Bom Olhado Produções) e "Xangô" (Bom Olhado Produções).

Coordena o curso virtual "Mídia e Religiosidade Afro-brasileira" (EAD Cobra Verde – Florianópolis – SC). Em 2012 recebeu o Troféu Abolição (Instituto Educacional Ginga – Limeira, SP). Em 2013, o Diploma Cultura de Paz – Categoria Diálogo Inter-religioso (Fundação Graça Muniz – Salvador, BA). É presidente da Associação Brasileira de Escritores Afro-religiosos – Abeafro.

Outras publicações

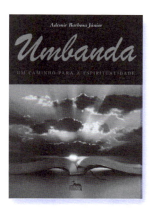

UMBANDA – UM CAMINHO PARA A ESPIRITUALIDADE
Ademir Barbosa Júnior (Dermes)

Este livro traz algumas reflexões sobre a Espiritualidade das Religiões de Matriz Africana, notadamente da Umbanda e do Candomblé. São pequenos artigos disponibilizados em sítios na internet, notas de palestras e bate-papos, trechos de alguns de meus livros.

Como o tema é amplo e toca a alma humana, independentemente de segmento religioso, acrescentei dois textos que não se referem especificamente às Religiões de Matriz Africana, porém complementam os demais: "Materialização: fenômeno do algodão" e "Espiritualidade e ego sutil".

Espero que, ao ler o livro, o leitor se sinta tão à vontade como se pisasse num terreiro acolhedor.

Formato: 16 x 23 cm – 144 páginas

Dúvidas, sugestões e esclarecimentos
E-mail: ademirbarbosajunior@yahoo.com.br

Distribuição exclusiva

www.aquarolibooks.com.br